汉画总录

3 2

邹城

GUANGXI NORMAL UNIVERSITY PRESS
广西师范大学出版社
·桂林·

本研究由 2012 年度国家社科基金重大项目"中国汉代图像数据库与《汉画总录》编撰研究"资助

本专项研究得到吴作人国际美术基金会的赞助

HANHUA ZONGLU

项目统筹　汤文辉　李　琳
责任编辑　伍丽云
助理编辑　安　静
装帧设计　李若静　陆润彪　刘　凛
责任技编　郭　鹏

图书在版编目（CIP）数据

汉画总录. 32，邹城 / 李彬，朱青生主编. —桂林：
广西师范大学出版社，2017.12
　ISBN 978-7-5598-0504-1

Ⅰ. ①汉… Ⅱ. ①李…②朱… Ⅲ. ①画像砖－史料－
研究－中国－汉代②画像砖－史料－研究－邹城－汉代
Ⅳ. ①K879.444

中国版本图书馆 CIP 数据核字（2017）第 271602 号

广西师范大学出版社出版发行

（广西桂林市五里店路 9 号　　邮政编码：541004
　网址：http://www.bbtpress.com ）
出版人：张艺兵
全国新华书店经销
广西广大印务有限责任公司印刷
（桂林市临桂区秧塘工业园西城大道北侧广西师范大学出版社集团
有限公司创意产业园内　邮政编码：541100）
开本：787 mm ×1 092 mm　1/16
印张：14　　字数：150 千字
2017 年 12 月第 1 版　　2017 年 12 月第 1 次印刷
定价：480.00 元

如发现印装质量问题，影响阅读，请与印刷厂联系调换。

序

　　文字记载，图画象形。人性之深奥、文化之丰富俱在文献形相之中；史实之印证、问题之追索无非依靠文字图形。[1] 汉画乃有汉一代形相与图画资料之总称。

　　汉代之前，有各种物质文化遗迹与形相资料传世。但是同时代文献相对缺乏，虽可精观细察，恢复格局，重组现象，拾取位置、结构和图像信息，然而毕竟在紧要处，但凭推测，难于确证。汉代之后，也有各种物质文化遗迹与形相资料传世，但是汉代之前问题不先行获得解释，后代的讨论前提和基础就愈加含糊。尤其渊源不清，则学难究竟。汉代的文献传世较前代为多，近年汉代出土文献日增，虽不足以巨细问题尽然解决，但是与汉代之前相比，判若文献"可征"与"不可征"之别。所以，汉画作为中国形相资料的特殊阶段，据此观察可印之陈述，格局能佐之学理，现象会证之说明；位置靠史实印证，结构倚疏解诠释。因图像信息与文字信息的双重存在，将使汉画成为建立中国图像志，用形相学的方法透入历史、文化和人性的一个独特门类。此汉画作为中国文化研究关键理由之一。

　　两汉之世事人情、典章制度可以用文字表达者俱可在经史子集、竹帛简牍中钩沉索隐，而信仰气度、日常生活不能和不被文字记述者，当在形相资料中考察。形者，形体图像；相者，结构现象。事隔两千年形成的古今感受之间的千仞高墙，得汉画其门似可以过入。而中国文明的基业，多始于汉代对前代的总结、集成而制定规范；即使所谓表率万世之儒术，亦为汉儒所解释而使之然。诸子学说亦由汉时学人抄传选择，隐显之功过多在汉人。而道德文章、制度文化之有形迹可以直接回溯者，更是在汉代确立圭旨，千秋传承，大同小异，直至中国现代化来临。往日的学术以文字文献为主，自从进入图像传播时代，摄影、电视造就了人类看待事物的新方法，养成了直接面对图像的解读能力。于是反观历史，对于形相资料的重视与日俱增。因此，由于汉代奠定汉族为

---

　　[1] 对于古史，有所谓四重证据法：传世文献+出土文献+出土文物+依地形、位置和建筑建构遗存复原的文化环境设想。但任何史实，多少都有余绪流传至今，则可通过现今活态遗存，以今证古，这是西方人类学、文化地理学中使用的方法。例如，可从近日的墓葬石工技艺中考溯汉代制作；再如，今日非物质文化遗产中的祭祀庆典仪式，其中可能有此地同族举行同类型活动的延承，正所谓"礼失而求诸野"。所以，对于某些历史对象，可以采用六重证据法：传世文献+出土文献+出土文物+复原的文化环境设想+现今活态遗存+试验考古（即用当时的工具、材料、技术、观念重新试验完成一遍古代特定的任务）。对问题的追索无非依靠文字和形相两种性质的材料，故略称"文字图形"。

1

主体的文明而重视汉代，由于读图观相的时代到来而重视图画，此汉画之为中国文化研究关键理由之二。

"汉画"沿用习称。《汉画总录》关注的汉画包括画像石、画像砖、帛画、壁画、器物纹样和重要器物、雕刻、建筑（宗教世俗场所和陵墓）。所以，与《汉画总录》互为表里的国家图像数据库[2]则称之为"汉代形像资料"，是为学术名称。

汉画研究根基在资料整理。图像资料的整理要达到"齐全"方能成为汉画学的基础。所谓齐全，并非奢望汉代遗迹能够完整留存至今，而是将现存遗址残迹，首先确定编号，梳理集中，配上索引，让任何一位学者或观众，有心则可由之而通览汉代的形相资料总体，了解究竟有多少汉代图形存世。能齐观整体概况，则为齐也。如果进一步追索文化、历史和人性的问题，则可利用这个系统，有条理、有次序地进入浩瀚的形相数据，横征纵析，采用计算机详细精密的记录手段和索引技术，获取现有的全部图像材料。与我们陆续提供给学界的"汉代古文献全文数据库"和"中文、西文、日文研究文献数据库"互为参究，就能协助任何课题，在一个整体学科层面上开展，减少重复，杜绝抄袭，推动研究，解决问题。能把握学科动态则为全也。《汉画总录》是与国家图像数据库相辅相成的一个长期文化工程，是依赖全体汉画学者努力方能成就的共同事业。一事功成，全体受益。如果《汉画总录》及其索引系统建成完整、细致、方便的资料系统，则汉画学的推进可望有飞跃发展，对其他学科亦不无帮助。

汉画编目和《汉画总录》的编辑是繁琐而细致的工作。其平常在枯燥艰苦的境况中日以继夜。此事几无利益，少有名声，唯一可以告慰的是我们正用耐心的劳动，抹去时间的风尘，使中国文明之光的一段承载——汉画，进入现代学术的学理系统中，信息充溢，条理清楚，惠及学界。况且汉画虽是古代文化资料，毕竟养成和包蕴汉唐雄风；而将雄风之遗在当今呈现，是对中国文明的贡献，也是为人类不同文明之间更为深刻的互相理解和世界在现代化中的发展提示参照。

人生有一事如此可为，夫复何求？

编　者

2006 年 7 月 25 日

---

[2] 2005年国家文化部将《中国汉代图像信息综合调查与数据库》项目纳入"国家数据库专项"系统。

编辑体例

《汉画总录》包括编号、图片、图片说明、图像数据、文献目录、索引六部分内容。

1. 编号

为了研究和整理的需要，将现有传世汉画材料统一编号。编号工作归属一个国家项目协调（《中国汉代图像信息综合调查与数据库》为国家艺术科学"十五"规划项目）。方法是以省、区编号（如陕西 SSX，山西 SX）加市、县，或地区编号（如米脂 MZ）再加序列号（三位），同一汉画组合中的部件在序列号之后加横杠，再加序列号（两位）。比如米脂党家沟左门柱，标示为 SSX-MZ-005-01（说明：陕西—米脂—党家沟画像石墓—左门柱）。编号最终只有技术性排序，即首先根据"地点"的拼音缩写的字母排列顺序，在同一地点的根据工作序列号的顺序排序。

地点是以出土地为第一选择，不在原地但仍然有确切信息断定其出土地的，归到出土地编号，并在图片说明中标示其收藏地和版权所有者。如果只能断定其出土地大区（省、区），则在小区（市、县、地区）部分用"××"表示。比如美国密歇根大学博物馆藏的出自山东某地，标示为 SD-××-001。如果完全不能断定其出土地点，则以收藏地点缩写编号。

编号完成之后，索引、通检和引证将大为方便。论及某一个形象或画面，只要标注某编号，不仅简明统一，而且可以在《汉画总录》和与此相表里的国家图像数据库（国家文化部将《中国汉代图像信息综合调查与数据库》项目纳入"国家数据库专项"系统）中根据检索方法立即找到其照片、拓片、线图、相关图像和墓葬的全部信息，以及关于这个对象尽可能全面的全部研究成果，甚至将来还可以检索到古文献和出土文献的相关信息，以及同一类型图像或近似图像的公布、保存和研究情况。

2. 图片

记录汉代画像石、画像砖的图片采取拓片、照片和线图相比照的方式处理。[1] 传统著录汉画的方式是拓片，拓片的特点是原尺寸拓印。同时，拓片制作时存在对图像的取舍和捶拓手工轻重粗精之别，而成为独立于原石的艺术品。拓片不能完整记录墓葬中画像砖石的相互衔接和位置关系，

---

[1] 由于在《汉画总录》的编辑方针中，将线描用于对图像的解释和补充，线描制作者的观点和认识会有助于读者理解，但也形成了一定的误导和局限，因此在无必要时，将逐步减少线描的数量，而把这个工作留待读者在研究时自行完成。

以及墓葬内的建筑信息，无法记录画像石上的墨线和色彩，对于非平面的、凸凹起伏的浮雕类画像砖石，也不能有效地记录其立体造型。不同拓片制作者以及每次制得的拓片都会有差异。使用拓片一个有意无意的后果是拓片代替原石成为研究的起点，影响了对画像石的感受和认知。拓片便利了研究的同时也限制了研究。只是有些画像砖石原件已失，仅存拓片，或者原石残损严重，记录画像砖石的拓片则为一种必要的方法。

照片对画像砖石的记录可以反映原件的质地和刻划方法、浮雕的凸凹起伏，能够记录砖石上的墨线和色彩，是高质量的图像记录中不可缺失的环节。线图可以着重、清晰地描绘物像的造型和轮廓，同时作为一种阐释的方法，可以展示、考察、记录研究者对图像的辨识和推证。采取线图、照片、拓片相结合的途径记录画像砖石，可相互取长补短，较为完备。

帛画、壁画和器物纹样一般采用照片和线图。

其他立体图像采用照片、三维计算机图形、平面图和各种推测性的复原图及局部线图。组合图与其他图表的使用，在多部组合关系明确的情况下，一般会给出组合图加以标明，用线描图呈现；在多部组合而关系不明确的情况下则或缺存疑。其他测绘图、剖面图、平面图以及相关列表等均根据需要，随著录列出，视为一种图解性质的"说明"。[2]

3. 图片说明

图片说明分为两个部分。其一是关于图片的基本信息，归入"4. 图像数据"中说明；其二是对于图像内容的描述。描述古代图像时，基于古今处在不同的观念体系中的这一个基本前提，采取不同方式判定图像。

3.1 尝试还原到当时的概念中给予解释[3]，在此方向下通常有两种途径。

3.1.1 检索古代文献中与图像对应的记载或描述，作出判定。但现存的问题，一是并非所有图像都能在文献中找到相应的记载或解释，即缺乏完备性；二是这种对应关系是人为赋予的，文献

---

[2] 根据编辑需要，在材料和技术允许的情况下，会给出部分组合关系图。由于编辑过程受到各种条件的限制，尽其努力也无法解决全卷缺少部分原石图、拓片、线图的情况，或者极个别原石尺寸不齐的情况，目前保持阙如，待今后在补遗卷中争取弥补。

[3] 任何方式中我们都不可能完全脱离今人的认识结构这一立足点，不可能清除解释过程中"我"的存在，难以避免以今人的观念结构去驾驭古代的概念。完全回到当时当地观念中去只是设想。解释策略决定了解释结果。在第一种方式中，我们的目的不是把自己置换到古人的处境中去体验，而是去认识古人所用概念及其间结构关系。

与图像并不存在必然的联系，且不同研究者可能作出不同的判断 [4]；三是现存文献只是当时多种版本的一种，民间工匠制作画像石所依据的口述或文字版本未必与经过梳理的传世文献（多为正史、官方记录和知识分子的叙述）相符。

3.1.2 依据出土壁画上的题记、画像砖石上的榜题、器物上的铭文等出土文字材料，对相应图像作出判定，这种方式切近实况，能反映当时当地的用语，但是能找到对应题记的图像只占图像总体的一小部分。

3.2 在缺失文献的情况下，重构一种图像描述的方式——尽量类型化并具有明晰的公认性。如大量出现的独角兽，在尚不确定称其为"兕"还是"獬豸"时，便暂描述为独角兽，尽管现存汉代文献中可能无"独角兽"一词。同时，图像描述采取结构性方式，即先不做局部意义指定，而是在形状—形象—图画—幅面—建筑结构—地下地上关系—墓葬与生宅的关系—存世遗迹和佚失部分（黑箱）之间的关系等关系结构中，判定图像的性质或意义。尽管没有文字信息，图像在画面和墓葬中的位置和形相关系提供了考察其意义和功能的线索。

在实际图片说明中，上述两种方式往往并用。对图像的描述是在意识到这些问题的情况下展开的，部分指谓和用语延承了以往的研究，部分使用了新词，但都不代表对图像含义的最终判定，而只是一种描述。

4. 图像数据

图片的基本信息（诸如编号、尺寸、质地、时代、出土地、收藏单位等）实际上是图像数据库的一个简明提示。收入的汉画相关信息通过数据库的方式著录，其中包括画像石编号、拓片号、原石照片编号、原石尺寸 [5]、画面尺寸、画面简述、时代、出土时间、征集时间、出土地 [6]、收藏单位、原收藏号、原石状况（现状）、所属墓葬编号 [7]、组合关系、著录与文献等项。文字、质地、色

---

[4] 关于此前题材判定和分类的方法和问题，参见盛磊：《四川汉代画像题材类型问题研究》，北京大学艺术学系99级硕士毕业论文。

[5] 画面尺寸的单位均为厘米，书中不再标识。

[6] 出土与征集的区分以是否经过科学发掘为界，凡经正式发掘（无论考古报告发表与否）均记为出土，凡非正式发掘（即使有明确出土地点和位置）均记为征集。

[7] 所属墓葬因发掘批次和年代各异，故记为发掘时间加当时墓葬编号，如1981M3表示党家沟1981年发掘的第3号墓葬。

彩、制作者、订件人、所在位置、相关器物、鉴定意见、发现人中有可著录者，均在备注项中列出。画像石墓表包括墓葬所在地、时代、墓葬所处地理环境、封土情况、发现和清理发掘时间、墓向、墓葬形制、随葬器物、棺椁尸骨、画像石装置，发现人、发掘主持人也在备注项中注出。建立数据库的目的和价值在于对数据库中的所有记录进行检索、比较、统计、分析，以期达到研究的完备性和规范性。[8]

5. 文献目录

　　文献目录列出一个区域（指对汉画集中地区的归纳，如陕北、南阳、徐州、四川等，多根据汉画研究的分区，而非严格的行政区划）有关汉画内容的古文献、研究论著和论文索引，并附内容提要。在每件汉画著录中列专项注出其相关研究文献。

6. 索引

　　按主题词和关键词建立索引项，待全部工作结束之后，做成总索引。因为《汉画总录》的分卷编辑虽然是按现在保管地区为单位齐头并进，但各种图像材料基本按出土地点各归其所，所以地名部分不出分卷索引，只在总索引中另行编排。

朱青生

北京大学汉画研究所

2006 年 7 月 31 日

---

[8] 对于存在大量样本和繁杂信息的研究对象，数据库的应用是有效的。在考古类型学中，传统的制表耗费时力，且不便记忆和阅读，细碎的分类常有割裂有机整体之弊。《汉画总录》的设想是：（1）无论已有公论还是存疑的图像，一律不沿用旧有的命名及在此基础上的分类，而按一致的规范和方法记录；（2）扩大图像信息的范畴，全面记录相关要素，包括出土状况（发掘/清理/收集）、发现人、出土时间、出土地点及其所属古代区划、画像材质、尺寸、所属墓葬形制、画像位置、随葬器物及其位置、画像保存状况、铭文、已有断代、画像资料出处、相关图片、相关研究、收藏地等。图像则记录单位图像的位置及其间的组合情况；（3）利用数据库，按不同线索和层次对图像信息进行查询、检索，根据统计结果作出判断。

目　录

前言一

邹城市原名邹县，是被称为"亚圣"的儒学大师孟子的故乡，其北面与"至圣先师"孔子的故乡曲阜相邻，故古称邹鲁之地、孔孟之乡，儒家学派的发源地。和著名的曲阜"三孔"相匹配，邹城市现在也保存着孟庙、孟府、孟林等文物古迹，可谓人杰地灵、文化昌盛的地方。

邹城历史悠久，地上地下文化遗存丰富。考古发掘资料证明，数千年前这里就出现了史前文明的曙光。两周时期为邾国封地，邾国故城遗址即在邹城东南的峄山之阳。秦统一天下后，在邾国故地设置邹县，在故城遗址中出土的印有秦统一度量衡诏文的陶量上，还有带"邹"字的戳记。汉承秦制，两汉仍置邹县，隶属山阳郡，其范围相当于今邹城市的中部和南部山区；与此同时设立的高平县和南平阳县（东汉时两县皆改为侯国），又分别位于今邹城市的西南部和邹城市的中北部与西北部。这些地方是汉代经济、文化较发达的地区，冶铁、牛耕、水利、纺织等农业与手工业都有相当发展。这里儒学兴盛、官吏文人辈出，西汉时邹人韦贤、韦玄成父子，以通儒明经而官至丞相之位，当时就流行有"遗子黄金满籝，不如教子一经"的民间谚语。这里又是王侯贵胄、豪门大族聚居的地方，东汉时期山阳高平人仲长统在其所著《昌言》中说："豪人之室，连栋数百，膏田满野，奴婢千群，徒附万计。船车贾贩，周于四方，废居积贮，满于都城。琦赂宝货，巨室不能容，马牛羊豕，山谷不能受。妖童美妾，填乎绮室，倡讴伎乐，列乎深堂。"其对富豪之家的描述和对社会现象的评说，正反映了当时社会经济发展和土地、财富集中的情况。遍布邹城市的汉代遗址、墓葬、石刻等文物遗存，即为传递汉代社会历史文化的载体，尤其是其中的汉画像石，生动形象地描述了汉代社会生活情况。所述这些，都大致反映了邹城汉代画像石发展的社会历史背景。

邹城市位于泰沂山脉南侧，境内山区、平原、丘陵间而有之，山中盛产青灰色的石灰岩石，为开采和制作汉画像石提供了丰富的原料和地理条件。从出土的东阿芗他君祠堂和嘉祥宋山永寿三年祠堂等画像石题记中，又披露出在汉代山阳郡及其所辖的高平县一带，是出画师、名工等制作画像石能工巧匠的地方。由此，又可见邹城地区汉画像石艺术发展的原因。

山东与相近的苏、皖北部，是全国汉画像石遗存最丰富的中心地域，位于山东南部的邹城市，其南面、西面与滕州市、微山县、济宁市等连成一片，正是鲁南汉画像石最集中分布的地域。邹城地区的汉画像石，从清代以来的金石学就有了著录，而过去多是零星的发现和记录。新中国成立后，当地文物保护管理机构逐步开展了对汉画像石的调查、保护和征集工作，随着社会主义经济建设和文物考古事业的发展，特别是在二十世纪八十年代以后，对汉画像石墓葬等遗存进行了考古发掘，使获取汉画像石的手段趋于科学化，并为当地的汉画像石建立起历史的时空框架，揭示出这一地区汉画像石产生和发展变化的趋势。经过多年的辛勤工作和资料积累，现在邹城孟庙已收集汉画像石二百余件，除墓葬出土的画像石外，还发现有少数祠堂画像石的构件，较全面地反映出邹城汉画像石的面貌，已成为琳琅满目的汉画像石专题陈列馆了。

从现有资料和研究情况看，邹城汉画像石滥觞于西汉前期的石椁墓，经西汉后期和东汉初期的发展，墓葬出现双椁室或前后室洞室墓，到东汉晚期则出现全石结构的多室墓与带回廊的墓，这些汉画像石墓葬形制的变化，也反映了整个汉代墓葬制度、埋葬习俗和社会的变化。在这一点上，又显示出邹城汉画像石产生时间早，延续时间长，存在于两汉时期约三百余年的历史，和全国范围内的汉画像石兴衰历史相一致，说明邹城市是在汉画像石分布的中心区域之内。

由于邹城市所辖地域较广阔，周边又与盛产汉画像石的地方相连接，体现在邹城汉画像石的整体面貌上，首先是属于鲁南地区的汉画像石特征，此外又显示出其复杂多样的面貌特点，雕刻技法多种多样，画像内容丰富，包罗万象，更有别的地方少见的画像内容。邹城汉画像石的雕刻技法，主要流行阴线刻，尤其西汉时期多为粗壮的阴线刻，西汉晚期到东汉初期又增加凹面线刻，东汉中晚期流行浅浮雕。这里少见东部的高浮雕与透雕（此技法整体上都很少），其西部的以嘉祥武氏祠为代表的减地平面线刻作品，这里也很少见到。邹城西南部与微山两城、南边与滕州的汉画像石风格相近，如郭里、两城附近雕刻的光净细致、优美传神的浅浮雕作品。而邹城汉画像石浅浮雕作品中，有在浮雕出的物象上留有原来修整石面的粗凿纹，如黄路屯出土的斗牛画像石，更显示出那种拙朴、粗犷、雄健的风格，与两城画像石迥然相别。邹城汉画像石虽不乏场面宏大、内容饱满的鸿篇巨制，但又少见滕州西户口、龙阳店画像石那种多层分格、饱满均衡、不留余白、密不透风的画像构图。这也约略显示出其间的不同。邹城市又东接沂蒙山区，北邻曲阜，设想对邹城汉画像石的进一步研究，可能会对汉画像石分布的区域、类型以及所反映的地方或时空差别获得更深入的认识。

汉画像石的产生和发展是一种社会文化现象，它是一个特定历史阶段的产物。汉画像石除个别为神庙石阙上的画像外，其余全部属于墓葬及其附属于地面上的祠堂、石阙等画像，画像石既是组成这些建筑的构件，又是按建筑部位配置其表面的刻画纹饰，它基本上是为丧葬礼俗服务的一种功能艺术。汉画像石所反映的是当时社会的主流思想以及人们的鬼神迷信和人生追求，当这个文化背景发生了变化后，这个艺术特征也就会衰落。魏晋以后，出现了不同的社会背景，那种有特定内容和表现形式的汉画像石艺术也就衰亡了。这从邹城独山发现的西晋刘宝墓中也能反映出来，在其墓门和门楣上虽然尚有简单的画像，但已不能和当年的汉画像石艺术同日而语了。

由于汉画像石丰富的文化内涵和具有多方面的资料价值，目前，对汉画像石的研究，除原有的考古学和美术史等门类外，诸多学科都已涉足到这一领域中来。又由于汉画像石本身具有"金石永寿"的性质，它已成为我国民族文化遗产中逾千年而不朽的艺术瑰宝，而汉画像石艺术特有的古拙和质朴所产生的美感，更引起了现代社会更多人的共鸣。面对祖国这项珍贵的文化遗产，我们大家有着共同的责任，就是把它保护好、发掘好、研究好、利用好，进一步发扬光大我们民族的优秀文化传统。

蒋英炬

二〇〇七年二月二十八日于泉城

（原文发表于胡新立《邹城汉画像石》，北京：文物出版社，2008 年，3-6 页）

前言二

邹城汉画的基本情况，蒋英炬先生在《邹城汉画像石》（北京：文物出版社，2008 年）的序言中已经阐明。通过此次《汉画总录·邹城卷》的著录和观察，我们认为还有以下三个问题有待进一步展开，记录于此。

其一，邹城在山东画像石中是否具有独立的特征，是否能自称流派，我们还没有找到足够的证据。也就是说，在现代邹城行政区划内以及在其汉代的历史区划内，墓葬中人未必都是以此地为籍贯，或者因地域的关系而必然卜葬于此。葬地的选择是否必然地与周围地区内发现的墓葬构成排他性关系？目前邹城虽然有零星的榜题铭文出土，但是其中反映的葬仪、葬式、墓葬、工匠、墓主及其家族的资财经济的情况，都还不足以证明一定是当地的人和当地的事项。所以我们更愿意将邹城的画像石看成是目前鲁南地区整体结构中的一个局部。

其二，邹城出土了一些带有画像的早期石椁墓。过去我们的思路是，希望沿着这条线索寻找石椁墓演化为有画像石的多室墓的过程，赵化成教授也一直计划通过考古发掘来解决这个流转变化问题。但是根据近年来各地对石椁墓的综合发掘，特别是邹城左近地区的情况，我们发现带有画像的石椁墓作为一种墓葬的形式，可以一直延续，并不必然地转成画像石（砖石）多室墓。这就引发了一个新的思路，就是我们一直提到的所谓"箱状墓葬"和"室状墓葬"之间的观念差异。"箱状墓葬"与"室状墓葬"作为一对概念出现，与学界理解的"椁墓"和"室墓"的所指略有差异。箱状墓葬并非指竖穴墓和各种椁墓，当然这在考古学上是一个常识，侧重于墓葬形制。而在艺术史上，"箱状墓葬"这个称呼只是强调由汉画研究引起的对生死观念的另一种观察和思考路径。所谓"箱状墓葬"就是把所有的墓葬理解成一个旅行箱，承装墓主和相关的随葬品，打包装箱，尽量塞满，虽略有分类，但总体上是以"运送"为其目的。而"室状墓葬"是已经到达运送的目的地，所有的东西会按照类别分区摆放，便于取用、呼应、凝视和遥望，总体上是以"归宿"为其旨归。运送的过程和终极的归宿理念不同，其中的每一件事物或图像，虽同为一样，但是意味却有所差异。而同样（反复多次）出现在箱状墓葬与室状墓葬中的画面、题材和装饰元素，其在位置、功能与意义方面的联系则有不同的解释途径。而如铺首衔环、穿璧、常青树等图像，在箱状墓葬中似可认为是有规律地呈现于某些特定位置，如同旅行箱的固定格式；而类似图像（及相关变体）在室状墓葬中，其间对应的形相关系不容易找到规律性，可能提示了部分图像与墓葬结构之间有着一定程度的独立性，而且也可能是各自不同的观念带来的差异。所以我们认为，带有画像的石椁墓和有画像的砖石多室墓之间并不一定构成逻辑上的发展关系，而是出于不同观念的不同墓葬选择，甚至是不同的墓葬观念交叉变化的呈现。带有画像的石椁墓在时间上未必都早，而多室墓未必就晚。《汉画总录·邹城卷》给我们提示的这个问题还需要大量的发掘和考证才能阐明，如果没有邹城汉画的遗迹的存在，有些问题则无从推敲和讨论。

其三，二次葬的问题。邹城的汉代石刻被发现的时候已为后代所再次使用，虽非特例，但这种使用的状态，如果仅仅看成是对石材的利用，也许并非那么简单，这一点杨爱国先生已经有所提示。使用之时，为什么选用此块，而不用另外一块？为什么拆了原来的形制？是否使用原来的墓椁和墓坑？关于再葬墓用石的情况，在这次调查中发现了三种：1. 邹城高李村画像石墓，使用不同时期的画像石来建造，其中第七、八、九三石分别位于后室西壁、后室东壁和西后室北壁，后被证明为同一祠堂的构件。2. 邹城面粉厂单室墓，该墓在东壁上层使用了一块画像石，石头一面为孔门弟子，有榜题，另一面为牛耕等场景，两面在雕刻技法上有较大差异。是否存在添刻的现象，尚需确切的证据进一步观测。3. 山东邹城峄山北龙河宋金墓 M1、M2、M3、M4 中皆使用了汉代画像石，除了纯粹利用原石外，可以看到原石有图像的一面（汉安元年文通祠堂有较长文字的一块）也被朝向墓内，这一点在汉代以后再葬用画像石中也是值得探讨的问题。这不是单纯用经济和技术可以解释的，一定有复杂的观念在其中，更何况在邹城的二次墓葬中，再使用时竟在石头的画面上加刻和添刻某些细节，使之符合新的墓葬需要。邹城有些带题铭的墓葬及其增刻痕迹的出现，对于这个问题的理解提供了重大的启示。

邹城石祠画像也有一些新内容被发现，此问题计划在《汉画总录·滕州卷》完成后一并陈述。

总体来说，《汉画总录·邹城卷》的编辑延续了《汉画总录·南阳卷》的方法，我们在描述画面的时候依旧采用确定的术语范围，仅限于已有的研究所确定的专词。这次的著录工作还是一个初步的基础工作。如有新的发现和疑问，我们以后会不断地在《汉画总录补遗》中呈现。

朱青生

北京大学汉画研究所

编号	SD-ZC-045-01
时代	东汉
出土/征集地	看庄镇金山村
出土/征集时间	1968 年收集
原石尺寸	104×95×22
质地	石灰岩
原石情况	原石呈方形，基本完整。右侧及背面呈毛石状。
组合关系	石祠左壁
画面简述	画面为浅浮雕。画面正中是西王母，头戴胜，着长袍，拱手，端坐于案几后，左右各一人手持便面，侧身跪侍。其下有九尾狐，左行。另有翼龙、白虎、熊、鹿、犬（？）、龟（？）等瑞兽。左、右上角有云气纹。画面四周有三层边框，框内填刻斜条纹。
著录与文献	山东省博物馆、山东省文物考古研究所编《山东汉画像石选集》，济南：齐鲁书社，1982 年，图 126；赖非主编《中国画像石全集·2·山东汉画像石》，济南：山东美术出版社，2000 年，73 页，图 81；胡新立：《邹城汉画像石》，北京：文物出版社，2008 年，96 页，图 113；谢健、程明：《邹城东汉祠堂整理与研究》，载《中国汉画学会第十一届年会论文集》，北京：高等教育出版社，2008 年，492 页，图 1；陈秀慧：《滕州祠堂画像石空间配置复原及其地域子传统》，载《中国汉画研究》（第四卷），桂林：广西师范大学出版社，2011 年，298 页，图 107。
收藏单位	邹城博物馆

SD-ZC-045-01 局部（与原石等大）

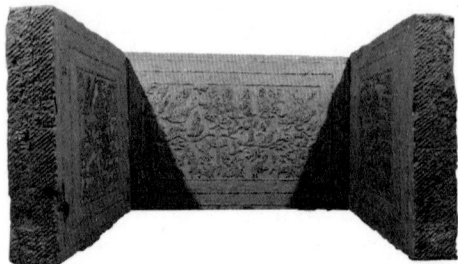

编号	SD-ZC-045-02
时代	东汉
出土/征集地	看庄镇金山村
出土/征集时间	1968 年收集
原石尺寸	104×164×14
质地	石灰岩
原石情况	原石呈长方形，基本完整。两侧及背面呈毛石状。
组合关系	石祠中壁
画面简述	画面为浅浮雕。分上下两部分：上面为人物谒拜，左侧二人戴进贤冠，执笏，向右侧一人（似为主人）跪谒，后有三人执笏侧跪，其右有一人舞蹈（？），最右侧有一大鳖；下面正中是一建鼓，趺座为二虎（？）共首，两侧各有一人执桴击鼓，鼓上有华盖、羽葆，左侧羽葆附近有二怪兽和一人跽坐，右侧羽葆上方刻三人跳长袖舞。左、右下角各有一辆轺车，有门吏执笏迎送。轺车上方分别有龙、熊（？）。画面空间穿插云气纹和四只飞鸟。四周有框，左侧为双边框，其余三边为三层边框，边框内圈填刻菱形线纹，外圈填刻斜条纹。
著录与文献	山东省博物馆、山东省文物考古研究所编《山东汉画像石选集》，济南：齐鲁书社，1982 年，图 125；赖非主编《中国画像石全集·2·山东汉画像石》，济南：山东美术出版社，2000 年，74-75 页，图 82；杜蕾：《山东汉画像石乐舞图像研究》，中国艺术研究院，硕士学位论文，2005 年，67 页，编码 125；曲怡桦：《鲁南及徐州地区汉画像石的音乐考古研究》，中国艺术研究院，硕士学位论文，2005 年，18 页，图 22；胡新立：《邹城汉画像石》，北京：文物出版社，2008 年，97 页，图 114；谢健、程明：《邹城东汉祠堂整理与研究》，载《中国汉画学会第十一届年会论文集》，北京：高等教育出版社，2008 年，492 页，图 1；陈秀慧：《滕州祠堂画像石空间配置复原及其地域子传统》，载《中国汉画研究》（第四卷），桂林：广西师范大学出版社，2011 年，298 页，图 107；《中国音乐文物大系》总编辑部：《中国音乐文物大系·山东卷》，郑州：大象出版社，2001 年，第 286 页，图 2·5·9。
收藏单位	邹城博物馆

编号	SD-ZC-045-03
时代	东汉
出土/征集地	看庄镇金山村
出土/征集时间	1968 年收集
原石尺寸	104×109×20
质地	石灰岩
原石情况	原石呈方形，基本完整。左侧及背面呈毛石状。
组合关系	石祠右壁
画面简述	画面为浅浮雕。画面正中是东王公，头似戴山形冠，着长袍，凭几端坐，左侧两人，一戴进贤冠、着袍，执笏躬身拜谒，另一人戴进贤冠、着袍，腰似系绶，执笏跪谒。右侧二人戴冠着袍执笏伏谒。其下有翼虎、翼龙、熊、象、鸟、二人首神兽等奇禽异兽。画面四周有三层边框，框内填刻斜条纹。
著录与文献	山东省博物馆、山东省文物考古研究所编《山东汉画像石选集》，济南：齐鲁书社，1982 年，图 127；赖非主编《中国画像石全集·2·山东汉画像石》，济南：山东美术出版社，2000 年，76 页，图 83；胡新立：《邹城汉画像石》，北京：文物出版社，2008 年，95 页，图 112；谢健、程明：《邹城东汉祠堂整理与研究》，载《中国汉画学会第十一届年会论文集》，北京：高等教育出版社，2008 年，492 页，图 1；陈秀慧：《滕州祠堂画像石空间配置复原及其地域子传统》，载《中国汉画研究》（第四卷），桂林：广西师范大学出版社，2011 年，298 页，图 107。
收藏单位	邹城博物馆

SD-ZC-045-03 局部（与原石等大）

编号	SD-ZC-045-04(1)
时代	东汉
出土/征集地	看庄镇金山村
出土/征集时间	1968 年收集
原石尺寸	116×177×19
质地	石灰岩
原石情况	石刻为两石拼合而成，左端呈毛石状，右端凿平。
组合关系	石祠顶部
画面简述	画面为浅浮雕。画面中心为月轮，内有一蟾蜍（四周刻顺时针涡卷线纹）。正上方有双龙交颈，长足，长尾，有翼，左龙足和身下有云气纹。月轮左侧刻有翼凤鸟，头生长羽。其右一羽人正伸手喂一有翼鹿（？），鹿头上有一飞鸟。月轮右侧有一长颈怪兽（似虎）啮咬一女腰部。怪物身下填刻云气纹和飞鸟。画面最下部一层从左至右分别刻二鱼身人首怪物相对、一龙回首和一虎双翼扬尾。画面四周有框。
著录与文献	山东省博物馆、山东省文物考古研究所编《山东汉画像石选集》，济南：齐鲁书社，1982 年，图130；赖非主编《中国画像石全集·2·山东汉画像石》，济南：山东美术出版社，2000 年，72 页，图 80；胡新立：《邹城汉画像石》，北京：文物出版社，2008 年，98 页，图 115。
收藏单位	邹城博物馆

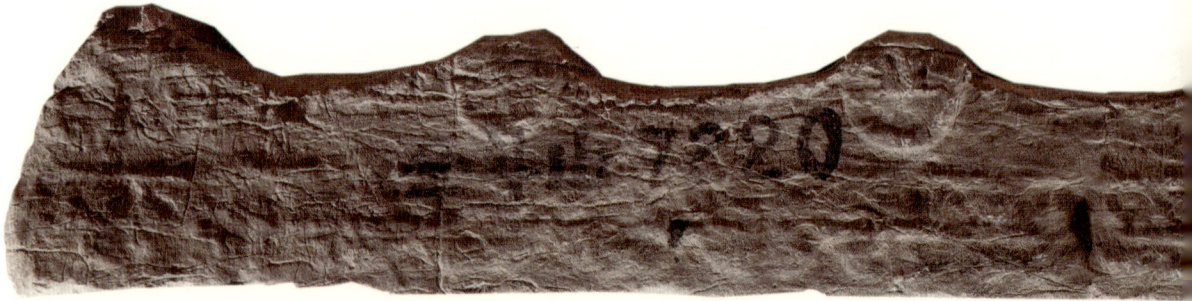

编号	SD-ZC-045-04(2)
时代	东汉
出土/征集地	看庄镇金山村
出土/征集时间	1968 年收集
原石尺寸	177×19
质地	石灰岩
原石情况	左侧石有瓦垄结构，右侧石被凿平，呈毛石状。
组合关系	石祠顶部
画面简述	画面为浅浮雕，应为石祠顶板的立面，但其右侧无图案。可见瓦垄结构、圆形瓦当、连弧纹（滴水）檐口。
著录与文献	
收藏单位	邹城博物馆

编号	SD-ZC-046
时代	东汉
出土/征集地	看庄镇金山村
出土/征集时间	1968 年收集
原石尺寸	35.5×21.3×19.5
质地	石灰岩
原石情况	原石呈长方形，从右端四分之一处断为两截，断口处下部有残缺。
组合关系	
画面简述	画面为浅浮雕，中间断裂。左起一鸟左向而飞，右有一骑士，右向飞马张弓，下有一兽（？），右一人双手执戟，跨步前刺，右方二鹿面左奔跑，再右有二犬奔跑追击，其右一人执长钩驯象，象有长尾，右端一双峰骆驼立于象后。左侧底纹被现代人剁出麻点，四周有边框。
著录与文献	山东省博物馆、山东省文物考古研究所编《山东汉画像石选集》，济南：齐鲁书社，1982 年，图 128、129；赖非主编《中国画像石全集·2·山东汉画像石》，济南：山东美术出版社，2000 年，70-71 页，图 79；胡新立：《邹城汉画像石》，北京：文物出版社，2008 年，99 页，图 116；任昭君：《鲁南汉画像石角抵研究》，载《浙江体育科学》2012 年第 6 期，114 页，图 18；朱浒：《汉画像胡人图像研究》，上海大学，博士学位论文，2012 年，69 页，图 2-59。
收藏单位	孟庙

编号	SD-ZC-048(1)
时代	东汉
出土/征集地	看庄镇金山村
出土/征集时间	1968 年收集
原石尺寸	94×93×30
质地	石灰岩
原石情况	原石基本完整，左面有凹阶。背面呈毛石状。
组合关系	
画面简述	画面分为上下两格。上格左侧一人着袍，正面端坐，双手前展，前有一案。右侧二人执笏跪拜。最右似有一人站立。下格左侧刻二人前后骑马左行。最右侧刻一人双手执笏躬立。上、下、右三边可见双边框，框内填刻菱形线纹。
著录与文献	胡新立：《邹城汉画像石》，北京：文物出版社，2008 年，100 页，图118。
收藏单位	孟庙

编号	SD-ZC-048(2)
时代	东汉
出土/征集地	看庄镇金山村
出土/征集时间	1968 年收集
原石尺寸	94×93×30
质地	石灰岩
原石情况	原石呈长方形，右上角有残缺。
组合关系	
画面简述	画面为浅浮雕，刻一虎。
著录与文献	
收藏单位	孟庙

编号	SD-ZC-050
时代	东汉
出土/征集地	看庄镇西柳下邑村
出土/征集时间	1959 年收集
原石尺寸	77×96×18
质地	石灰岩
原石情况	原石呈长方形，基本完整。画面整体漫漶。
组合关系	
画面简述	画面为浅浮雕。左右两端各有一三层阙，每层皆有四坡顶，其二、三层可见墙面，三层墙面两侧各伸出一长颈龙（？）首，呈对称状。底层仅有一细柱支撑整体结构，柱上可见斗栱（形制不明）。柱旁左右各有一人，居左者持笏（？）躬身侧立。画面中部为一座三层建筑，可见三层檐口及各层内部活动，檐外可见鸟兽若干。建筑内部，三层有一人端坐、一人侍立；二层可见立姿三人，呈交谈状；底层为双细柱支撑，柱上可见似斗栱结构，柱间及檐下可见一导骑、一轺（？）车、一从骑鱼贯左行。四周有双边框，框间填刻菱形线纹。
著录与文献	山东省博物馆、山东省文物考古研究所编《山东汉画像石选集》，济南：齐鲁书社，1982 年，图135；胡新立：《邹城汉画像石》，北京：文物出版社，2008 年，101-102 页，图119、120；陈秀慧：《滕州祠堂画像石空间配置复原及其地域子传统》，载《中国汉画研究》（第四卷），桂林：广西师范大学出版社，2011 年，310 页，图141。
收藏单位	孟庙

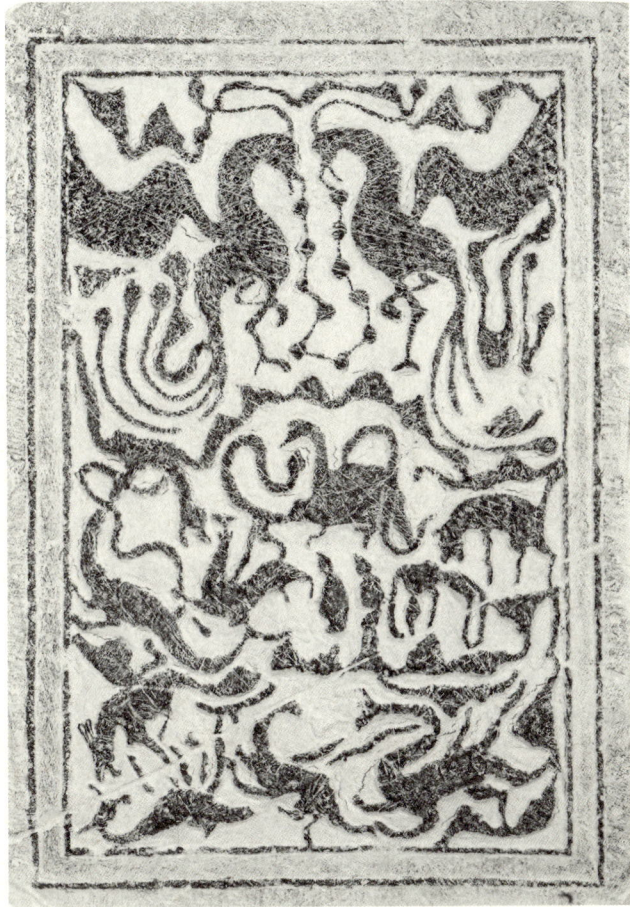

编号	SD-ZC-051
时代	东汉
出土/征集地	看庄镇西柳下邑村
出土/征集时间	1959 年收集
原石尺寸	114.5×80×16
质地	石灰岩
原石情况	原石呈长方形，基本完整。
组合关系	
画面简述	画面为浅浮雕。画面上部有两只凤鸟相对，振翅欲舞，单腿独立，口中衔有连珠一串。画面中部刻一玄武，左右有翼虎、翼龙等瑞兽。玄武下方有二人物，略作躬身状。画面下部刻翼龙、羽人等祥瑞，似相逐戏。画面布有云气纹。四周有双边框，框间填刻菱形线纹。
著录与文献	山东省博物馆、山东省文物考古研究所编《山东汉画像石选集》，济南：齐鲁书社，1982 年，图 136；赖非主编《中国画像石全集·2·山东汉画像石》，济南：山东美术出版社，2000 年，55 页，图 63；胡新立：《邹城汉画像石》，北京：文物出版社，2008 年，103 页，图 121。
收藏单位	邹城博物馆

编号	SD-ZC-052(1)
时代	东汉
出土/征集地	看庄镇西柳下邑村
出土/征集时间	1959 年收集
原石尺寸	168.5×46×18.5
质地	石灰岩
原石情况	原石呈长方形，画面整体漫漶。
组合关系	
画面简述	画面为浅浮雕。上部一龙、一虎在云间奔腾；中部一瑞兽、一羽人嬉戏；下部有一神树，上有蛇，交互盘绕，左下有一马。四周有双边框，框间填刻斜线纹。
著录与文献	山东省博物馆、山东省文物考古研究所编《山东汉画像石选集》，济南：齐鲁书社，1982 年，图 137；胡新立：《邹城汉画像石》，北京：文物出版社，2008 年，104 页，图 122。
收藏单位	孟庙

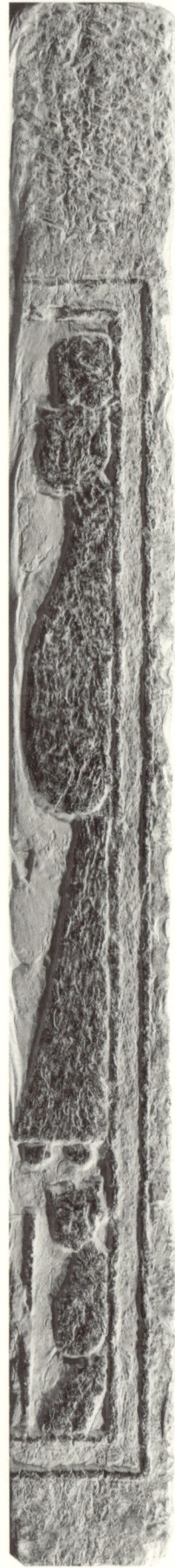

编号	SD-ZC-052(2)
时代	东汉
出土/征集地	看庄镇西柳下邑村
出土/征集时间	1959 年收集
原石尺寸	168.5×18.5
质地	石灰岩
原石情况	原石呈长方形，画面整体漫漶。
组合关系	
画面简述	画面为浅浮雕。刻上下二人：上一人体量大，着过膝长袍站立；下一人体量较小，似持一棍（？）站立（？）。画面上、下、右三边有框，框间填刻菱形线纹。
著录与文献	
收藏单位	孟庙

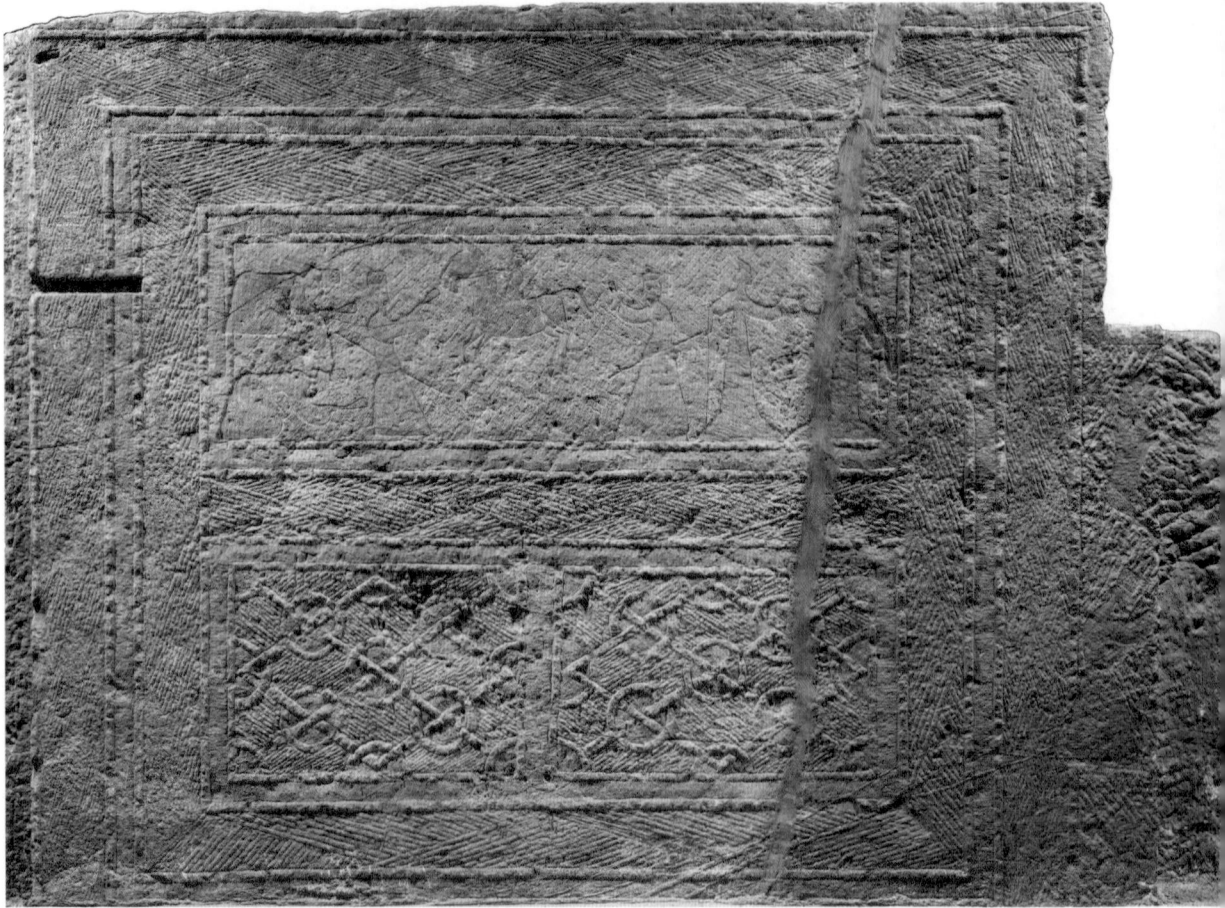

编号	SD-ZC-053-01(1)
时代	西汉
出土/征集地	看庄镇八里河村
出土/征集时间	1964 年出土
原石尺寸	131.5×190×15
质地	石灰岩
原石情况	原石呈长方形，右侧有长方形缺口。画面上格左侧中部被凿一横槽。
组合关系	
画面简述	此图为凹面线刻。画面分为上下两格。上格刻画像，左起二人戴武弁大冠，着袍，双手伏地跪，腰佩长剑，手中持一笏板（？）。再右一人戴武弁大冠，手持笏，腰佩长剑。中有一人骑马左行，马尾似编为球状。再右一人戴进贤冠，腰佩长剑，一手持笏。右侧二人均一手前举，一手持一杖（剑？），作相对交谈状。下格刻十字穿环纹。上下两格四周各有双层边框，整个画面另有三层边框，框间填刻菱形线纹。右侧边框外上刻一虎，下刻一人物戴冠着袍，侧身躬立。
著录与文献	山东省博物馆、山东省文物考古研究所编《山东汉画像石选集》，济南：齐鲁书社，1982 年，图 119；赖非主编《中国画像石全集·2·山东汉画像石》，济南：山东美术出版社，2000 年，66-67 页，图 74；胡新立：《邹城汉画像石》，北京：文物出版社，2008 年，105 页，图 123。
收藏单位	孟庙

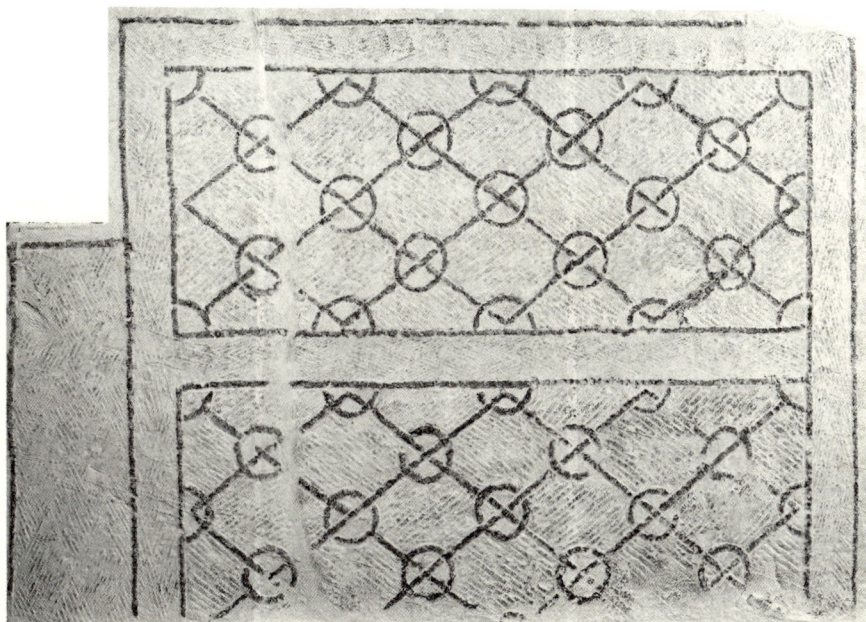

编号	SD-ZC-053-01(2)
时代	西汉
出土/征集地	看庄镇八里河村
出土/征集时间	1964 年出土
原石尺寸	131.5×190×15
质地	石灰岩
原石情况	原石呈长方形，左侧有长方形缺口。
组合关系	
画面简述	画面分为左右两格。左格内无图案，右格分为上下两层，刻十字穿环纹。图案空白处填刻斜线纹。左、右、上三边有框，框间填刻菱形线纹。
著录与文献	
收藏单位	孟庙

编号	SD-ZC-053-02(1)
时代	西汉
出土/征集地	看庄镇八里河村
出土/征集时间	1964 年出土
原石尺寸	130×180×15.5
质地	石灰岩
原石情况	原石呈长方形，左侧有长方形缺口。画面上格右侧中部被凿一横槽。
组合关系	
画面简述	此图为凹面线刻，画面分为上下两格。上格刻画像，中间二人一手持勾镶，一手挥剑格斗，左一人着袍，右一人着短衣，下身着袴。二人之间观者举双臂。左侧有二人，左一人骑马左行，右一人头部似有垂髫（女性？），一手持棍（剑？），一手指格斗者。右侧有一力士蹶张，口中衔一箭，双脚蹬弩。下格刻穿环纹。两格画面各有双层边框，整个画面另有三层边框，框间填刻菱形线纹。左侧外框外有一半人半龙神，头部残。
著录与文献	山东省博物馆、山东省文物考古研究所编《山东汉画像石选集》，济南：齐鲁书社，1982 年，图 115、116；赖非主编《中国画像石全集·2·山东汉画像石》，济南：山东美术出版社，2000 年，66-67 页，图 75；胡新立：《邹城汉画像石》，北京：文物出版社，2008 年，106 页，图 124；任昭君：《鲁南汉画像石角抵研究》，载《浙江体育科学》2012 年第 6 期，113 页，图 13；朱浒：《汉画像胡人图像研究》，上海大学，博士学位论文，2012 年，69 页，图 2-58。
收藏单位	孟庙

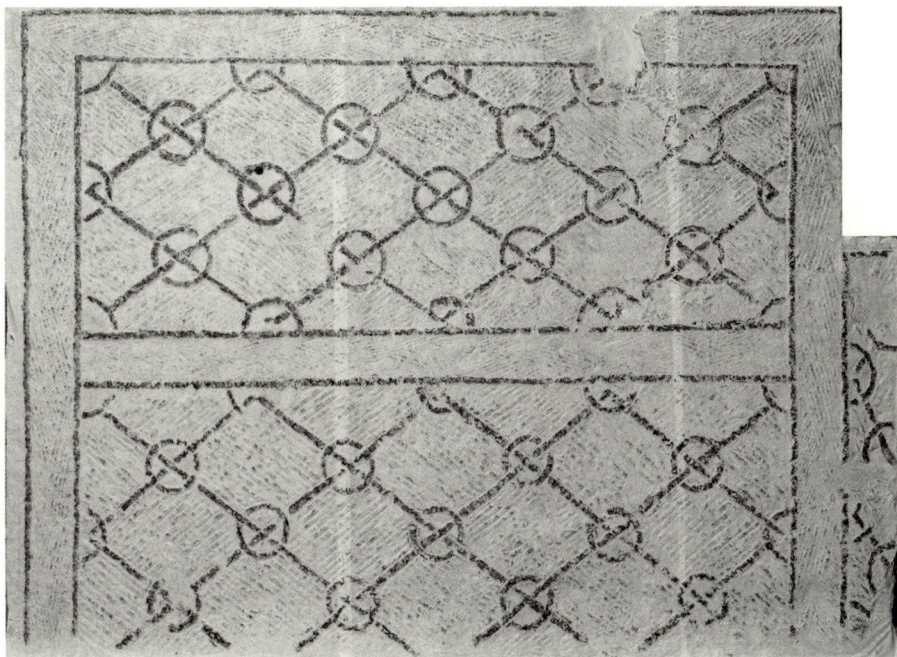

编号	SD-ZC-053-02(2)
时代	西汉
出土/征集地	看庄镇八里河村
出土/征集时间	1964 年出土
原石尺寸	130×180×15.5
质地	石灰岩
原石情况	原石右上侧有一缺口,右侧应与另一石接口。
组合关系	
画面简述	画面分为左右两格。左格分为上下两层。左格与右格皆刻十字穿环纹,图案空白处填刻斜线纹。左、右、上三边有框,框间填刻菱形线纹。
著录与文献	
收藏单位	孟庙

编号	SD-ZC-053-03(1)
时代	西汉
出土/征集地	看庄镇八里河村
出土/征集时间	1964 年出土
原石尺寸	45.5×208×30
质地	石灰岩
原石情况	原石呈长方形，从中断为两截。
组合关系	墓室过梁
画面简述	此图为凹面线刻。画面左起刻二轺车，形制一致，车上有御者，挽缰催马向左行进。第三辆轺车较大，亦向左行进，车有四维，御者在前，主人坐车后。第三辆车后有一骑吏紧随护卫。第四辆车之车盖图像漫漶不可辨，亦向左行进，其后一着袍者扬手侧立。画面左右两端皆有圆点及连弧纹。上下有双边框，框间填刻菱形线纹。
著录与文献	胡新立：《邹城汉画像石》，北京：文物出版社，2008 年，108 页，图 126。
收藏单位	孟庙

SD-ZC-053-03(1) 局部（与原石等大）

编号	SD-ZC-053-03(2)
时代	西汉
出土/征集地	看庄镇八里河村
出土/征集时间	1964 年出土
原石尺寸	45.5×208×30
质地	石灰岩
原石情况	原石呈长方形，从中断为两截。
组合关系	墓室过梁
画面简述	画面为浅浮雕，刻十字穿环图案，空白处填刻斜线纹。四周有框。
著录与文献	胡新立：《邹城汉画像石》，北京：文物出版社，2008 年，109 页，图 127。
收藏单位	孟庙

编号	SD-ZC-053-04(1)
时代	西汉
出土/征集地	看庄镇八里河村
出土/征集时间	1964 年出土
原石尺寸	44×238×23
质地	石灰岩
原石情况	原石呈长方形，从中断为两截。
组合关系	墓室过梁
画面简述	此图为凹面线刻。左起一人体态高大，端坐于榻上，右一人拱手拜谒。再右为一人执桴击建鼓，二人着长袍对为巾舞。再右二人骑马左行。右段是五骑，前三骑弯弓搭箭欲射，后有二骑左行。上下有双边框，框间填刻菱形线纹。
著录与文献	胡新立：《邹城汉画像石》，北京：文物出版社，2008 年，108 页，图 128。
收藏单位	孟庙

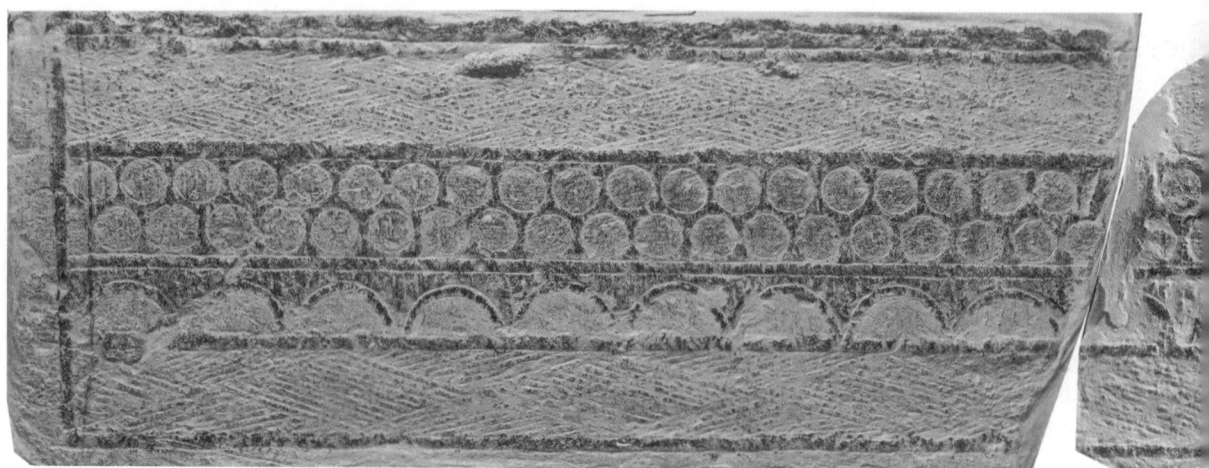

编号	SD-ZC-053-04(2)
时代	西汉
出土/征集地	看庄镇八里河村
出土/征集时间	1964 年出土
原石尺寸	44×238×23
质地	石灰岩
原石情况	原石呈长方形，从中断为两截。
组合关系	墓室过梁
画面简述	原石自上而下分为四格。第一格和第四格刻菱形斜线纹，第二格刻连弧纹，第三格刻圆形纹。四周有框。
著录与文献	胡新立：《邹城汉画像石》，北京：文物出版社，2008 年，109 页，图129。
收藏单位	孟庙

编号	SD-ZC-053-05(1)
时代	西汉
出土/征集地	看庄镇八里河村
出土/征集时间	1964 年出土
原石尺寸	82×271×13.5
质地	石灰岩
原石情况	原石断为两截，左侧有凹槽，槽上端有一"W"形插口，右侧有一凹阶接口。
组合关系	墓后室石椁侧板
画面简述	此图为凹面线刻。画面分为左、中、右三格，左右二格皆为穿环纹。中格左方一人正面坐于榻上，右侧一人持便面跪侍。下有二鱼（四鱼？），右侧有一三层仓楼（？）。每格画面皆有三重边框，整个画面亦有边框，空白处填刻斜（竖）线纹，框间填刻菱形线纹。
著录与文献	山东省博物馆、山东省文物考古研究所编《山东汉画像石选集》，济南：齐鲁书社，1982 年，图117；胡新立：《邹城汉画像石》，北京：文物出版社，2008 年，109-110 页，图130、131。
收藏单位	孟庙

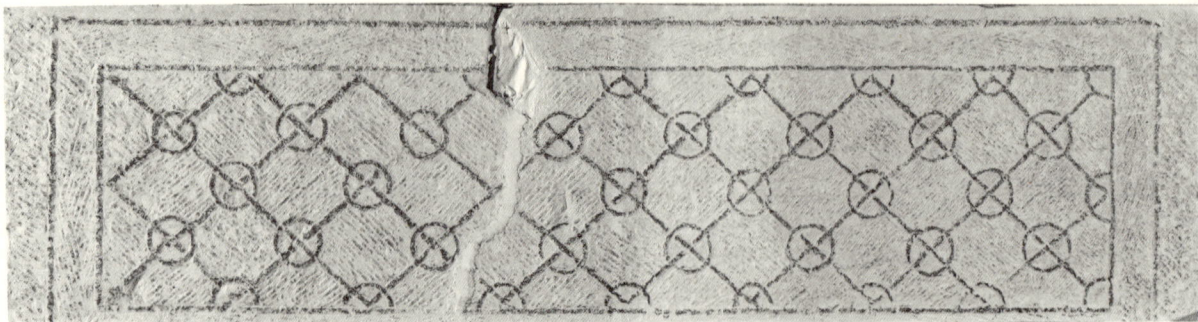

编号	SD-ZC-053-05(2)
时代	西汉
出土/征集地	看庄镇八里河村
出土/征集时间	1964 年出土
原石尺寸	82×271×13.5
质地	石灰岩
原石情况	原石呈长方形，从中断为两截。
组合关系	
画面简述	画面为浅浮雕，刻十字穿环纹。四周有双边框，图案的空白处填刻斜线纹，框间填刻菱形线纹。
著录与文献	
收藏单位	孟庙

编号	SD-ZC-053-06(1)
时代	西汉
出土/征集地	看庄镇八里河村
出土/征集时间	1964 年出土
原石尺寸	82×269×14.5
质地	石灰岩
原石情况	原石左侧有一凹阶接口，右侧有凹槽，槽上端有一"W"形插口。
组合关系	墓后室石椁侧板
画面简述	此图为凹面线刻。画面分为左、中、右三格，左右二格皆为十字穿环图案。中格刻人物及建筑，左起上方为一重檐建筑，下方一人头戴冠，着长袍，正面拱手端坐。其右有二人，着下摆宽大袍服，手执长剑格斗。其下方一人伏地左向跪拜。每格画面外皆有三重边框，整个画面亦有边框，空白处填刻斜（竖）线纹，框间填刻菱形线纹。
著录与文献	山东省博物馆、山东省文物考古研究所编《山东汉画像石选集》，济南：齐鲁书社，1982 年，图 118；胡新立：《邹城汉画像石》，北京：文物出版社，2008 年，111 页，图 132、133。
收藏单位	孟庙

编号	SD-ZC-053-06(2)
时代	西汉
出土/征集地	看庄镇八里河村
出土/征集时间	1964 年出土
原石尺寸	82×269×14.5
质地	石灰岩
原石情况	原石呈长方形，基本完整。
组合关系	
画面简述	画面为浅浮雕，刻十字穿环纹。四周有双边框，图案的空白处填刻斜线纹，框间填刻菱形线纹。
著录与文献	
收藏单位	孟庙

编号	SD-ZC-053-07(1)
时代	西汉
出土/征集地	看庄镇八里河村
出土/征集时间	1964 年出土
原石尺寸	80.5×242.5×17
质地	石灰岩
原石情况	原石呈长方形，右下开方缺口。
组合关系	椁板中隔
画面简述	此图为凹面刻线。画面从左到右分为四格，前三格基本等大，第一、三格刻十字穿环纹；第二格上部为二凤鸟相对，可见分歧羽冠及尾，下部为二羽人，皆单膝跪，二人相对手托一方鼎（？），内可见一蟾蜍；第四格画面较小，刻双龙互绕。前三格画面皆有三层边框，整体又有一边框，第四格另有二层边框，画面空白处填刻斜（竖）线纹，框间填刻菱形线纹。
著录与文献	胡新立：《邹城汉画像石》，北京：文物出版社，2008 年，113 页，图 136、137。
收藏单位	孟庙

编号	SD-ZC-053-07(2)
时代	西汉
出土/征集地	看庄镇八里河村
出土/征集时间	1964 年出土
原石尺寸	80.5×242.5×17
质地	石灰岩
原石情况	原石呈长方形，左下开方缺口。
组合关系	椁板中隔
画面简述	此图为凹面刻线。画面从左到右分为四格，左格画面较小，为二人，一人吹排箫，另一人侧身吹笙；右三格基本等大，第二、四格刻十字穿环纹；第三格为二武士着袍技击。第一格有两层边框；后三格画面皆有三层边框，整体又有一边框，画面空白处填刻斜（竖）线纹，框间填刻菱形线纹。
著录与文献	胡新立：《邹城汉画像石》，北京：文物出版社，2008 年，112 页，图 134、135。
收藏单位	孟庙

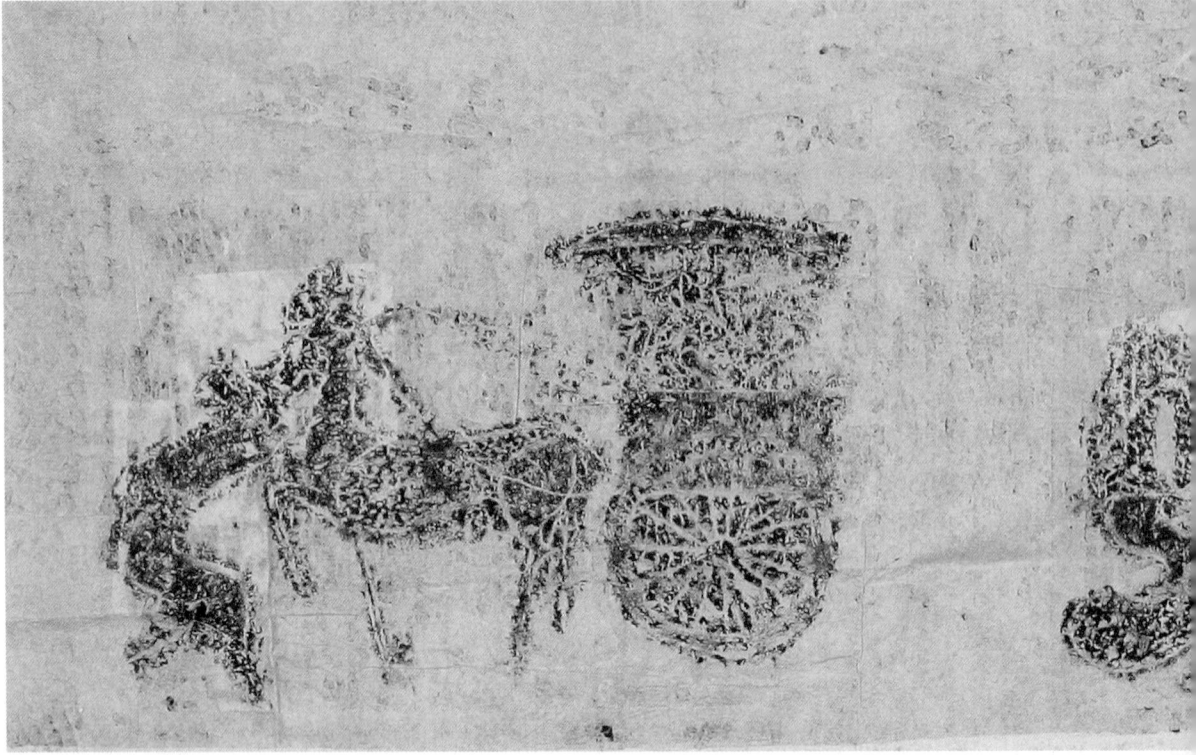

编号	SD-ZC-053-08
时代	西汉
出土/征集地	看庄镇八里河村
出土/征集时间	1964 年出土
原石尺寸	76×236
质地	石灰岩
原石情况	仅存拓片
组合关系	
画面简述	画面左起为一轺车，车前一人似在牵马或迎迓；中为一人戏（？）虎（？），此人着绔，长袖（或为手持一杖）躬身，对面虎（？）长尾上扬，立身前扑（一说狗咬赵盾）；右侧为二马并立，皆朝向画外，呈正面形象。
著录与文献	胡新立：《邹城汉画像石》，北京：文物出版社，2008 年，114 页，图 138。
收藏单位	

编号	SD-ZC-054
时代	西汉
出土/征集地	看庄镇八里河村
出土/征集时间	1964 年出土
原石尺寸	44×98×15.5
质地	石灰岩
原石情况	原石呈长方形，右端残缺。画面整体漫漶。
组合关系	
画面简述	画面左侧刻一导骑左行，身后一辆轺车，车上有一御者，最右侧有一人持棍（？）相随。画面四周有双边框，外层边框内填刻菱形线纹和箭头形。
著录与文献	
收藏单位	孟庙

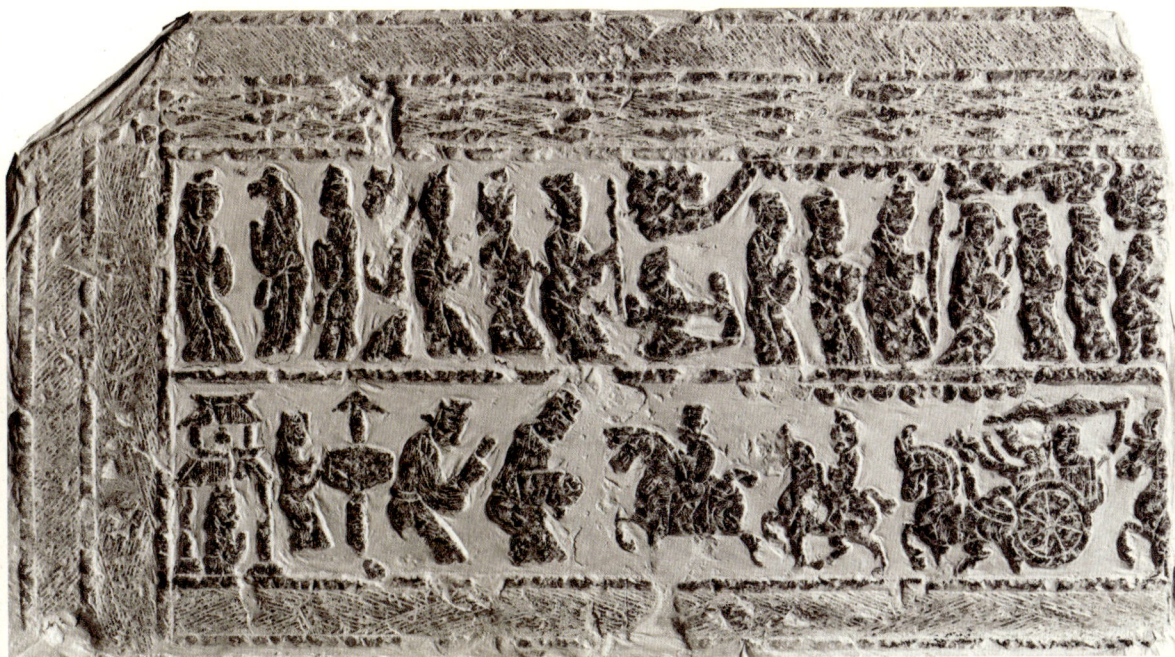

编号	SD-ZC-055
时代	东汉
出土/征集地	城区铁山公园
出土/征集时间	1980 年收集
原石尺寸	78×162×19
质地	石灰岩
原石情况	原石呈长方形，左上角及右端残缺。
组合关系	
画面简述	画面为浅浮雕，分为上下两格。第一格左起一人戴进贤冠，着曳地长袍，面右，一牛首神人与其相对。再右，二人戴进贤冠，着曳地长袍，面左拱手站立。再右有三人面右侧立，其中一人手持一棍状物，腰佩长剑，右行。前有一矮人作劈叉状，双手外撑。再右有七人，皆面右，头戴冠，着长袍，或手中执长矛、弓箭，或拱手向右行进。人物上方有缭绕的祥云。下格中为建鼓、车马出行图。左起有二层楼阁，内有一人端坐，其右立有一建鼓，一人双手执桴击鼓，再右二吏躬身迎接车马的到来。右侧有二导骑，一四维轺车左行，后有随从骑吏（已残）。
著录与文献	胡新立：《邹城汉画像石》，北京：文物出版社，2008 年，114 页，图 139。
收藏单位	孟庙

SD-ZC-055 局部（与原石等大）

编号	SD-ZC-056
时代	东汉
出土/征集地	城区田家庄
出土/征集时间	1959 年收集
原石尺寸	81×98×13.5
质地	石灰岩
原石情况	原石呈长方形，左端残缺。
组合关系	
画面简述	画面为浅浮雕。分为上下两格，残余部分上格为拜谒场景（一说为孔子见老子）：左起一人右向拱手侧立；其右一（或二，漫漶不清）小孩（侍者）右向跪拜；再右一人戴进贤冠左向拱手侧立，其身后有一小孩（侍者），高不及前后人物腰部；身后三人，皆戴进贤冠，持笏面左拱手侧立。下格左起为一马的后半身，其右为一軿车，可见御者，再右为一轺车，前有御者，后有尊者。上、下、右三边有框，下边及右侧为双边框，框间填刻菱形纹。
著录与文献	山东省博物馆、山东省文物考古研究所编《山东汉画像石选集》，济南：齐鲁书社，1982 年，图 134；胡新立：《邹城汉画像石》，北京：文物出版社，2008 年，115 页，图 140。
收藏单位	孟庙

编号	SD-ZC-057
时代	东汉
出土/征集地	城区十里铺村
出土/征集时间	1980 年收集
原石尺寸	104×67.5×16
质地	石灰岩
原石情况	原石呈长方形，基本完整。
组合关系	
画面简述	画面为浅浮雕，刻一人戴武冠，着袍站立，上有垂幔纹和三角形纹。左、右、上三边可见双层边框，框间填刻菱形纹。下部先刻，后凿去。
著录与文献	胡新立：《邹城汉画像石》，北京：文物出版社，2008 年，117 页，图 143。
收藏单位	孟庙

编号	SD-ZC-058-01
时代	东汉
出土/征集地	城区师范学校
出土/征集时间	1965 年出土
原石尺寸	86×273×11
质地	石灰岩
原石情况	原石呈长方形，从左侧三分之一处断为两截。两侧呈毛石状。
组合关系	
画面简述	此图为阴线刻。画面左侧刻胡汉战争图。左起刻胡兵，皆头戴式样略有不同的尖帽，隐藏在重叠的山包中。六人骑马右行，其中五马后半身隐于山中，一人张弓搭箭欲射。画面左下角山包中刻一人踞坐，身后可见波浪状衣缘；另有一龙（？），头生双角。胡汉战争图右部漫漶，可见二骑，骑士均戴帻，下一骑士似持一鼗鼓（？）。后有一人戴帻着袍步行，似吹笙；后一人张双臂，单足立，弄五丸；下方有一人端坐，吹排箫。画面中部为一二层楼阁，两层皆为四坡顶，皆双柱，柱上有斗栱，其中下层柱身各有二竖槽（一说为二壁柱夹一墙面结构），上承一斗二升栾栱，两层檐下皆可见一道梁枋。二楼正中为尊者，正面端坐，戴帻，前襟腰带下有绶带。左右各二人侧跪，皆执笏，左一人另执吾（？）。尊者及左二人衣左衽，右二侍者衣右衽，五人身后刻栏杆（？）。楼下一马拉一四维轺车，一人端坐其上，车左右各有一人，皆佩剑执笏，居左者戴武弁，略作躬身状，居右者戴进贤冠。楼外左右檐下各一人，皆躬身，居左者戴帻着袍持戟，居右者戴武弁着袍捧盾。二层正脊上方左、中、右各刻一柏树，树间二鸟相向。两层屋面中部各刻一武库，二层刻四手戟（？），末梢可见饰物；二盾，皆背面立；一弩。一层刻二门二弩、一兰锜（？）。楼左右各有一双层阙，皆四坡顶，阙身下层可见双壁柱及一斗二升栾栱。左阙有一力士双手托举上层阙顶，上层檐上左刻一枭，右刻一鸟；下层檐上左刻一鸟，右刻一猿猴。右阙有一力士单手托举上层阙顶，檐间左刻一猿猴，右刻二鸟，一鸟单腿立，张双翅，一鸟低头作啄物状。画面最右侧分上下两层，上层一侍者戴帻着袍，一御者驾一軿车，车有窗。下层前有二导骑，骑士皆戴武弁，负棨戟，一人可见佩剑，一人后半身残。后有一马拉四维轺车，马尾编成球状，御者戴武弁，上身前倾，尊者端坐。上刻一飞鸟、一猿猴、二蜻蜓。画面左、右、上三边有框，上沿边框与画面间分为上、中、下三格，依次填刻菱形纹、连弧纹、圆点纹。
著录与文献	山东省博物馆、山东省文物考古研究所编《山东汉画像石选集》，济南：齐鲁书社，1982 年，图 102、103；赖非主编《中国画像石全集·2·山东汉画像石》，济南：山东美术出版社，2000 年，82-83 页，图 90；胡新立：《邹城汉画像石》，北京：文物出版社，2008 年，120-121 页，图 144；朱浒：《汉画像胡人图像研究》，上海大学，博士学位论文，2012 年，66 页，图 2-50。
收藏单位	孟庙

编号	SD-ZC-058-02
时代	东汉
出土/征集地	城区师范学校
出土/征集时间	1965 年出土
原石尺寸	84×270×11
质地	石灰岩
原石情况	原石呈长方形，从中断为两块。左右角有残缺。
组合关系	
画面简述	此图为阴线刻。画面左侧分为上下两格，上格刻一鸟；一熊（？），脑后飘长羽冠；一双头怪鸟，尾分三羽。下格左起刻一骑，马回首，骑士亦回首张弓搭箭，欲射身后一飞鸟；后有一骑，旁有一步卒肩负一杆状物（殳？戟？）；后有一马拉一轺车，马身残，车上可见御者控缰，尊者身略前倾。画面中部为一二层楼阁，两层皆为四坡顶，皆双柱，柱上有斗栱，其中下层柱身各有二竖槽（一说为二壁柱夹一墙面结构），上承一斗二升栾栱，两层檐下皆可见一道梁枋。二楼正中为尊者，正面端坐，拊掌，似女性；左右各二人，左侧一人正面端坐，拊掌，另一人侧跪，执便面，额前似有一垂坠物，身后可见波浪状衣缘；右二侍者皆正面端坐，拊掌。五人身后刻栏杆（？）。楼下屋内五人，正中一人端坐，似戴帻，胡须飞扬，拊掌；左一人发式奇特，似着短衣，执一物不明；左二人物戴武弁着袍，执笏躬身立拜。右侧一人跪拜，双手平端一杆状物；另一人戴冠着袍，持笏，躬身立。楼外左右檐下各一人，皆戴介帻，持戟躬身立。二层正脊上方左、中、右刻三柏树，树间二鸟相向。两层屋面中部各刻一武库，二层刻四戟；二盾，皆背面立；一弩。一层刻一箭箙；二弩；二门，其中左侧门半启，一人半身探出；二兰锜。楼左右各有一双层阙，皆四坡顶，阙身下层可见双壁柱及一斗二升栾栱。左阙有一力士双手托举上层阙顶，上层檐上左刻一凤鸟（？），右刻一枭；下层檐上左刻一鹳（？）。右阙有一力士单手托举上层阙顶，上层檐上左刻一枭，右刻一凤鸟（？）；下层檐上左刻一猿猴（？），右刻一鹳（？）。阙下一人一手持剑、一手持盾立。画面最右侧分上下两层，上层刻六人，左侧二人着袍，手捧一物（笏？简？）右向立。第三人戴冠着袍，下颌有须，拄杖，左向侧立。其后一人戴冠正面站立，下颌有须，双手似按腰间长剑。再右一人持笏左向站立。最右侧残一人，仅余双脚。下层一人戴帻着袍，负一杆状物，尾部有垂饰，后有一马拉轺车，马尾编为球状，车上御者控缰，尊者端坐，后有一骑。画面左、右、上三边有框，上沿边框与画面间分为上下两格，依次填刻菱形纹、连弧纹。
著录与文献	山东省博物馆、山东省文物考古研究所编《山东汉画像石选集》，济南：齐鲁书社，1982 年，图104、105；赖非主编《中国画像石全集·2·山东汉画像石》，济南：山东美术出版社，2000 年，82-83 页，图 89；胡新立：《邹城汉画像石》，北京：文物出版社，2008 年，118-119 页，图145；朱浒：《汉画像胡人图像研究》，上海大学，博士学位论文，2012 年，67 页图 2-53，68 页图 2-57。
收藏单位	孟庙

SD–ZC–058–01 局部（与原石等大）

SD-ZC-058-02 局部

编号	SD-ZC-059
时代	东汉
出土/征集地	城区师范学校
出土/征集时间	1965 年出土
原石尺寸	79×171×19
质地	石灰岩
原石情况	原石呈长方形，基本完整。
组合关系	

画面简述　画面为浅浮雕，分左右两格。左格有四层，皆刻人物。最上层刻三人，左一人似着短衣，双手前伸，一腿抬起；右二人戴冠着袍，双手拱于胸前，似前行。第二格刻二人，戴冠着袍，执笏，躬身作拜谒状。第三格二人戴冠着袍端坐，双手拱于胸前。最下层刻二人，戴冠，着袍服，蹲坐，相互拥抱亲吻（因无法辨别男女服饰，一说为二人耳语）。右侧画面分上下两层：上层为乐舞百戏，中为建鼓，卧羊鼓座，二人执枹击鼓。鼓上和右下角有乐伎吹笙和排箫、击鼓奏乐。竖建鼓的长颈杆左右斜拉两根绳索，绳上有七人表演节目，有坐式下滑、两手相拉下滑、仰面躺式下滑、一人肩荷倒立艺伎援索而上，一人手弄七丸援索而上，索上似有二猿倒挂攀援。左侧二人对剑、二人巾（袖？）舞。左上方有五人戴冠着袍端坐，应为观者。下层为庖厨图，有椎牛、炊爨、端送、洗涤食物的，也有持刀切割肉类、忙于厨事的。厨房梁上挂有兔、鱼、猪等宰杀物。右侧有一无盖轺车，上有一御者、一尊者。左、右、下三边有三层框，其中内侧框间填刻菱形纹。右格上沿无框。

著录与文献　山东省博物馆、山东省文物考古研究所编《山东汉画像石选集》，济南：齐鲁书社，1982 年，图114；赖非主编《中国画像石全集·2·山东汉画像石》，济南：山东美术出版社，2000 年，84-85 页，图 92；杜蕾：《山东汉画像石乐舞图像研究》，中国艺术研究院，硕士学位论文，2005 年，66 页，编码 124；曲怡桦：《鲁南及徐州地区汉画像石的音乐考古研究》，中国艺术研究院，硕士学位论文，2005 年，21 页，图 27；胡新立：《邹城汉画像石》，北京：文物出版社，2008 年，122-123页，图 146；《中国音乐文物大系》总编辑部：《中国音乐文物大系·山东卷》，郑州：大象出版社，2001 年，第 283 页，图 2·5·6；李莉、孙继富、刘召乾：《由汉画像石对邹城牛文化的探讨》，载《中国畜禽种业》2011 年第 12 期，55 页，图 7。

收藏单位　邹城博物馆

编号	SD-ZC-060-01(1)
时代	东汉
出土/征集地	城区师范学校
出土/征集时间	1965 年出土
原石尺寸	116×72.5×20.7
质地	石灰岩
原石情况	原石呈长方形，基本完整。
组合关系	
画面简述	画面为浅浮雕，正中刻一门吏，头戴武弁大冠，身着长袍，腰间佩剑，侍立。
著录与文献	山东省博物馆、山东省文物考古研究所编《山东汉画像石选集》，济南：齐鲁书社，1982 年，图106；胡新立：《邹城汉画像石》，北京：文物出版社，2008 年，126 页，图149。
收藏单位	孟庙

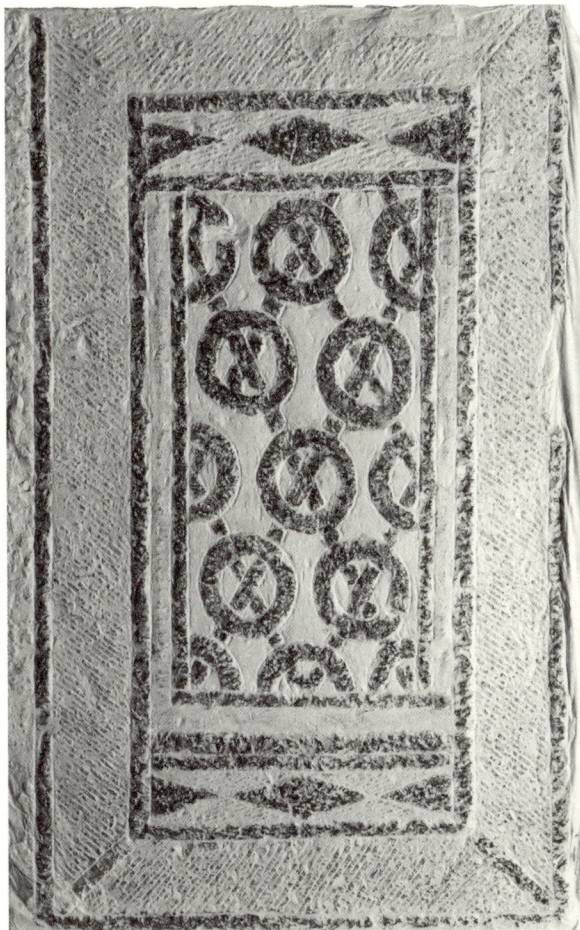

编号	SD-ZC-060-01(2)
时代	东汉
出土/征集地	城区师范学校
出土/征集时间	1965 年出土
原石尺寸	116×72.5×20.7
质地	石灰岩
原石情况	原石呈长方形，基本完整。
组合关系	
画面简述	画面为浅浮雕，分上、中、下三格，上下两格刻菱形纹，中格刻十字穿环纹。四周有双边框，框内填刻斜条纹。
著录与文献	胡新立：《邹城汉画像石》，北京：文物出版社，2008 年，127 页，图 150。
收藏单位	孟庙

编号	SD-ZC-060-02(1)
时代	东汉
出土/征集地	城区师范学校
出土/征集时间	1965 年出土
原石尺寸	117×74×21
质地	石灰岩
原石情况	原石呈长方形，基本完整。右侧呈毛石状。
组合关系	
画面简述	画面为浅浮雕，刻一武士头戴冠，身着长袍，双手持戟侍立。
著录与文献	山东省博物馆、山东省文物考古研究所编《山东汉画像石选集》，济南：齐鲁书社，1982 年，图107；胡新立：《邹城汉画像石》，北京：文物出版社，2008 年，126 页，图148。
收藏单位	孟庙

编号	SD-ZC-060-02(2)
时代	东汉
出土/征集地	城区师范学校
出土/征集时间	1965 年出土
原石尺寸	117×74×21
质地	石灰岩
原石情况	原石呈长方形，基本完整。
组合关系	
画面简述	画面为浅浮雕，分上、中、下三格，上格为菱形纹；中格刻连弧纹；下格面积最大，刻十字穿环纹。四周有双边框，框内填刻斜条纹。
著录与文献	
收藏单位	孟庙

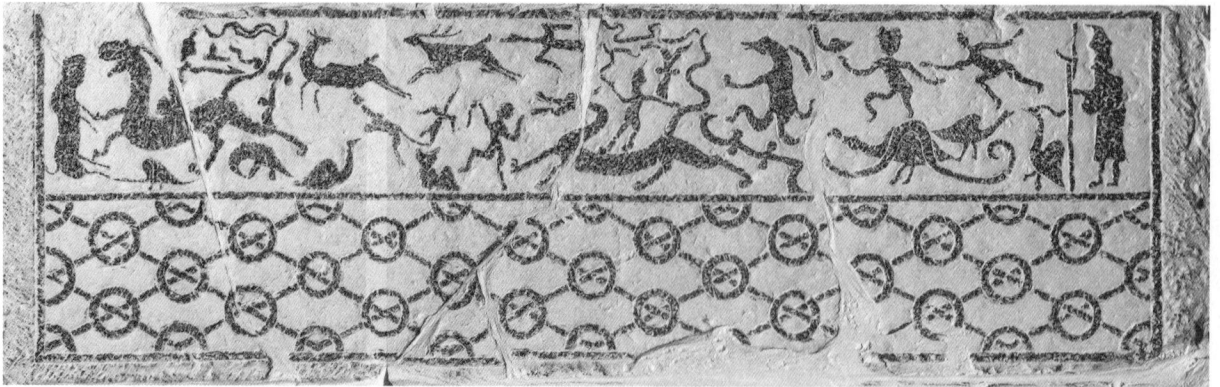

编号	SD-ZC-060-03
时代	东汉
出土/征集地	城区师范学校
出土/征集时间	1965 年出土
原石尺寸	80×263×13
质地	石灰岩
原石情况	原石呈长方形，裂为五块。基本完整。
组合关系	
画面简述	画面为浅浮雕。分为上下两层。上层从左至右分别刻：一犬（？）人立，其右有一人骑虎（？）向左奔跑。上有云气，虎（？）后腿间有鸡（？）、飞鸟。虎（？）腿后生出一鸟首植物（云气？）。再右为射猎场景：一人张弓欲射，周围刻二鹿奔跑，下有一犬追逐、二鸟飞翔、一鸟一鹗停立。再右为一头戴尖帽者（胡人？）手持芝草立于青龙背上，龙有长尾上扬；身后有一兽人立。其下方亦生一植物，似有鸟首。再右有一人手持一物不明，立于玄武背上。后又一人向左奔跑，其下方二鸟相对。右端为一人戴尖帽，着短服持戟站立。下格为十字穿环纹。
著录与文献	山东省博物馆、山东省文物考古研究所编《山东汉画像石选集》，济南：齐鲁书社，1982 年，图 109；胡新立：《邹城汉画像石》，北京：文物出版社，2008 年，124-125 页，图 147。
收藏单位	孟庙

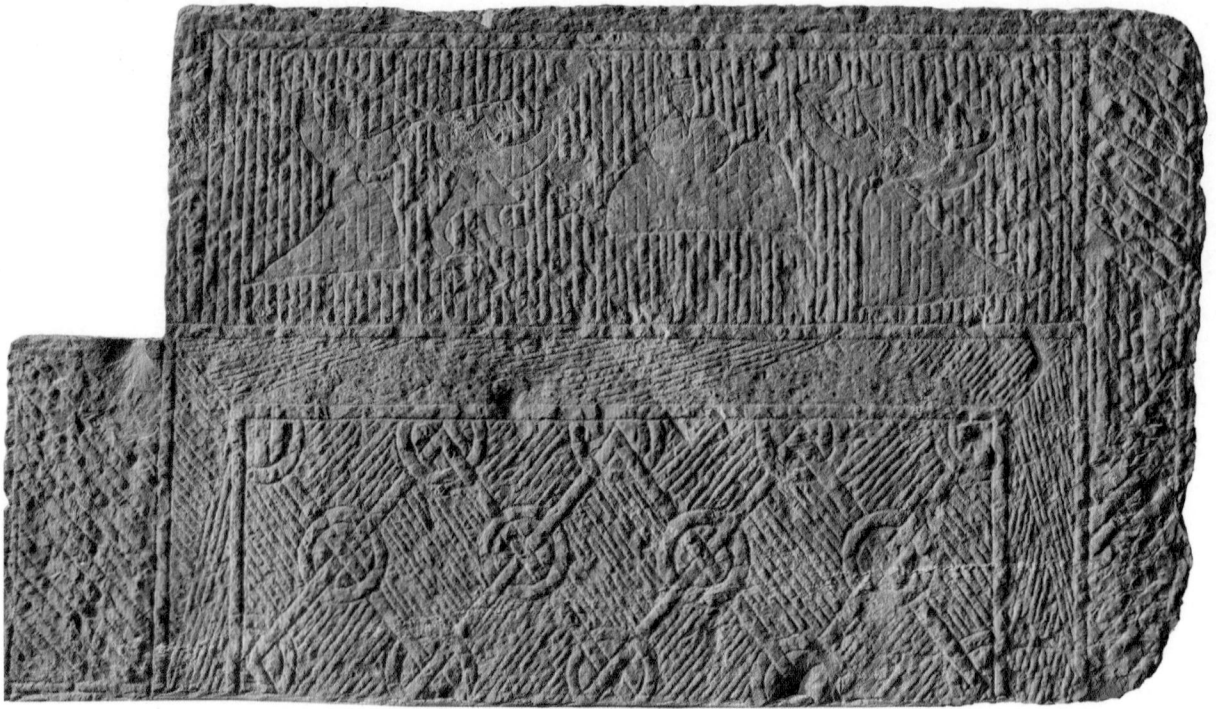

编号	SD-ZC-061
时代	东汉
出土/征集地	城区师范学校
出土/征集时间	1965 年出土
原石尺寸	97×169×19
质地	石灰岩
原石情况	原石呈长方形,左上角有长方形缺口。
组合关系	
画面简述	画面为凹面线刻,分上下两格。上格为人物,左起二人技击,居左者着曳地袍,一手持钩镶,一手持剑;居右者着短衣,一手持剑。第三人袍服宽大,正面端坐。居右端者长袍曳地,双手伸展为巾(袖?)舞。下格为十字穿环图案。画面上下格各有边框,上格空白处填刻竖线纹,下格空白处填刻斜线纹,框间填刻菱形线纹。
著录与文献	山东省博物馆、山东省文物考古研究所编《山东汉画像石选集》,济南:齐鲁书社,1982 年,图113;胡新立:《邹城汉画像石》,北京:文物出版社,2008 年,127 页,图151;任昭君:《鲁南汉画像石角抵研究》,载《浙江体育科学》2012 年第 6 期,113 页,图9;刘若男:《从现存汉画像石(砖)资料中看两汉时期的舞蹈活动》,山东师范大学,硕士学位论文,2013 年,17 页,图24。
收藏单位	孟庙

编号	SD-ZC-062-01
时代	东汉
出土/征集地	城区师范学校
出土/征集时间	1965 年出土
原石尺寸	88×66×16.5
质地	石灰岩
原石情况	原石呈长方形，基本完整。
组合关系	
画面简述	画面为浅浮雕，分上下两格。上格似刻幔。中有二道横隔。下格刻一人，头戴冠，身着长袍，拱手侧立。图像有三层边框，框间填刻斜线纹。中层与内层框间四角各有一尖角纹饰。
著录与文献	山东省博物馆、山东省文物考古研究所编《山东汉画像石选集》，济南：齐鲁书社，1982 年，图108；胡新立：《邹城汉画像石》，北京：文物出版社，2008 年，128 页，图 152。
收藏单位	孟庙

编号	SD-ZC-062-02
时代	东汉
出土/征集地	城区师范学校
出土/征集时间	1965 年出土
原石尺寸	90×105×8.5
质地	石灰岩
原石情况	原石呈长方形，基本完整。右侧有凹阶。
组合关系	
画面简述	画面为浅浮雕，分上下两格。上格为连弧纹。下格正中一人，头戴冠，端坐，胡须飞扬；左一人发式服饰奇特，双手上举，一手持雁（？）；右一人侧身跪谒，所持物不明。右上角有一只飞鸟。四周有三层边框，中层与内层框间四角各有一尖角纹饰。
著录与文献	山东省博物馆、山东省文物考古研究所编《山东汉画像石选集》，济南：齐鲁书社，1982 年，图 111、112；胡新立：《邹城汉画像石》，北京：文物出版社，2008 年，129 页，图 153。
收藏单位	孟庙

编号	SD-ZC-063(1)
时代	东汉
出土/征集地	城区师范学校
出土/征集时间	1965 年出土
原石尺寸	63.5×51.5×19
质地	石灰岩
原石情况	原石呈长方形，基本完整。右侧有凹阶。
组合关系	
画面简述	画面刻一人物戴冠着袍，持戟右向站立。四周有双边框，框间填刻斜条纹。
著录与文献	胡新立：《邹城汉画像石》，北京：文物出版社，2008 年，129 页，图 155。
收藏单位	孟庙

编号	SD-ZC-063(2)
时代	东汉
出土/征集地	城区师范学校
出土/征集时间	1965 年出土
原石尺寸	63.5×51.5×19
质地	石灰岩
原石情况	原石呈长方形，基本完整。左侧有凹阶。
组合关系	
画面简述	画面刻一人物戴冠着袍，持戟左向站立。人物头部上方刻二方形凸起。画面漫漶不清。四周有双边框，框间填刻斜条纹。
著录与文献	
收藏单位	孟庙

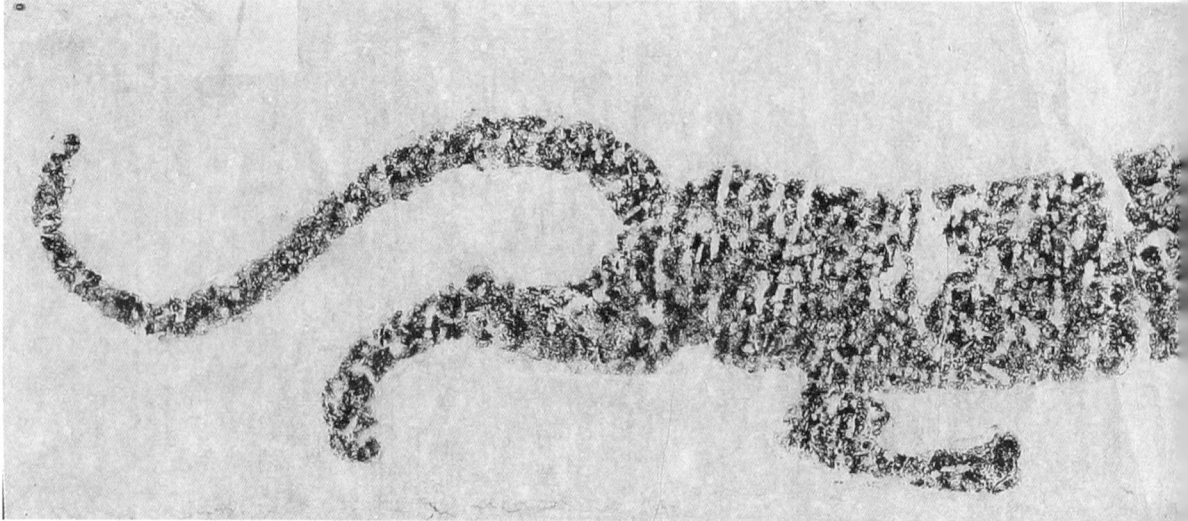

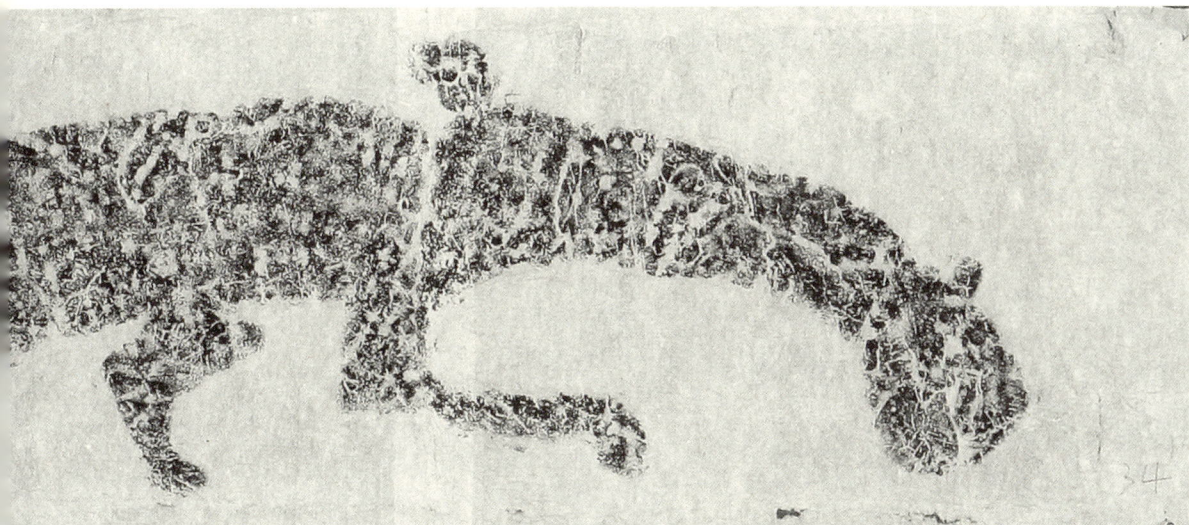

编号	SD-ZC-064
时代	东汉
出土/征集地	城区师范学校
出土/征集时间	1965 年出土
原石尺寸	
质地	石灰岩
原石情况	仅存拓片
组合关系	
画面简述	画面刻一虎，长颈长身，四肢相对短小，尾端上扬。
著录与文献	胡新立：《邹城汉画像石》，北京：文物出版社，2008 年，129 页，图 154。
收藏单位	

编号	SD-ZC-065(1)
时代	东汉
出土/征集地	邹城市面粉厂
出土/征集时间	1993 年出土
原石尺寸	44×244×20.6
质地	石灰岩
原石情况	原石呈长方形，基本完整。
组合关系	
画面简述	画面为凹入平面雕，分上下两格。上格刻二十四位孔子弟子，皆为立像，戴进贤冠，着宽袖长袍，人物造型或正面、侧面、拱手、躬身，或交谈，或倾听。每个人物的左上角有长方形榜题姓名，多数漫漶不清，经辨识全文如下：左起"縣成"、"梁鱣"、"琴牢"、"□樞"、"叔仲"、"庚苞"、"颜侨"、"公孙□"、"百□"、"任不"、"□父"、"□□"、"□□"、"□雕"、"□□"、"□□"、"商瞿"、"孔（忠）"、"乙悠"、"□□"、"□□"、"公冶長"、"颜幸"、"上書□"。下格左起刻一虎，张口露齿，瞋目扬尾右行，其右一人持矛左向而刺，人虎之间有一犬卷尾，再右一人张弓欲射。再右刻羊（?）、鸡（?）、猪、鹰；其右一人半蹲，单手持双股叉，似作叉鱼状，其面前图像不明；再右一人手持一鸡（?），腰系背篓，后一人侧身端坐，右刻一蹲坐的狗、一鸡。右侧有一龙向左行，上有御龙的羽人。四周有框，画面空白处填刻竖线纹。
著录与文献	刘培桂、郑建芳、王彦：《邹城出土东汉画像石》，载《文物》1994 年第 6 期，32-35 页，图 2、3、6；赖非主编《中国画像石全集·2·山东汉画像石》，济南：山东美术出版社，2000 年，58-59 页，图 67；王滢：《山东江苏汉画像石榜题研究》，载《中国汉画学会第九届年会论文集》，北京：中国社会出版社，2004 年，320-415 页；胡新立：《邹城汉画像石》，北京：文物出版社，2008 年，130-133 页，图 156、158、159。
收藏单位	邹城博物馆

编号	SD-ZC-065(2)
时代	东汉
出土/征集地	邹城市面粉厂
出土/征集时间	1993 年出土
原石尺寸	44×244×20.6
质地	石灰岩
原石情况	原石呈长方形，基本完整。
组合关系	
画面简述	画面为浅浮雕，分上下两格。上格左起二人身着短衣，一人双手提壶、箪，一人肩挑二壶,向右缓行。再右有两人相对端坐，中间置一酒樽。再右为二乐伎，一吹笙，一抚琴。再右三人戴高冠，左边一人手中疑抱一小孩，右侧两人作谈话状。再右三人，两边成人似与中间小孩逗玩（一说中间一人为侏儒）。再右有两妇人向左侧行进，似被中间小孩吸引。再右是一组农耕图，一人挑担（一壶一箪），后有一农夫肩荷农具前行。再右为二牛并驾一犁，后有一农夫扶犁。其后有二人，一人肩荷一犁（？），一人肩荷锄。最右为一牛车左行，车厢内乘坐三人。下格左起一人形体魁伟，头戴进贤冠，侧身仰卧于一石板之上，左一人按其头，右一武士双手抢一锤，一说为汉代气功图。再右刻二牛相斗，二牛后各有一人为斗牛喝彩。再右有一骆驼、一大象，骆驼上有一人，大象前有一人手持钩驯象，似为胡人。再右为一武士，一手持环首刀，一手持钩镶（或为盾），一骑马武士反身张弓欲射猎物。右端为一虎（仅见前半身）噬一犬，其上方一犬（鹿？）飞奔。四周有框。
著录与文献	刘培桂、郑建芳、王彦:《邹城出土东汉画像石》,载《文物》1994 年第 6 期，33-36 页，图 4、5、7、8；赖非主编《中国画像石全集·2·山东汉画像石》,济南：山东美术出版社，2000 年，58-59 页，图 66；胡新立:《邹城汉画像石》,北京：文物出版社，2008 年，130-131 页，图 157、160；李莉、孙继富、刘召乾:《由汉画像石对邹城牛文化的探讨》,载《中国畜禽种业》2011 年第 12 期，53 页，图 1；任昭君:《鲁南汉画像石角抵研究》,载《浙江体育科学》2012 年第 6 期，116 页，图 32。
收藏单位	邹城博物馆

SD-ZC-065(1) 局部

SD-ZC-065(2) 局部

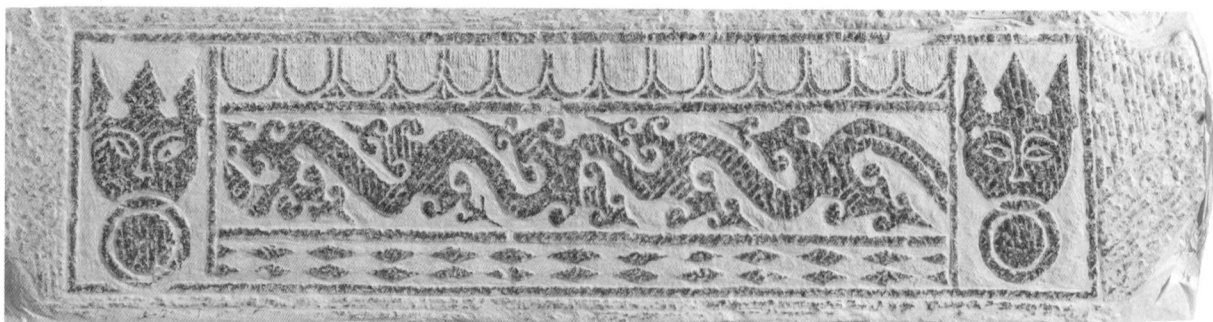

编号	SD-ZC-066
时代	东汉
出土/征集地	城南兴隆庄
出土/征集时间	1998 年出土
原石尺寸	59×238×23
质地	石灰岩
原石情况	原石呈长方形，左、右下角残缺。
组合关系	墓室过梁
画面简述	画面为浅浮雕，分为左、中、右三格。左右两格皆刻铺首衔环。中格分为三层，上层刻垂幔纹；中层刻变形云气纹，在左端生出鸟首；第三层刻两层菱形纹。四周有框。
著录与文献	胡新立：《邹城汉画像石》，北京：文物出版社，2008 年，136 页，图 163。
收藏单位	孟庙

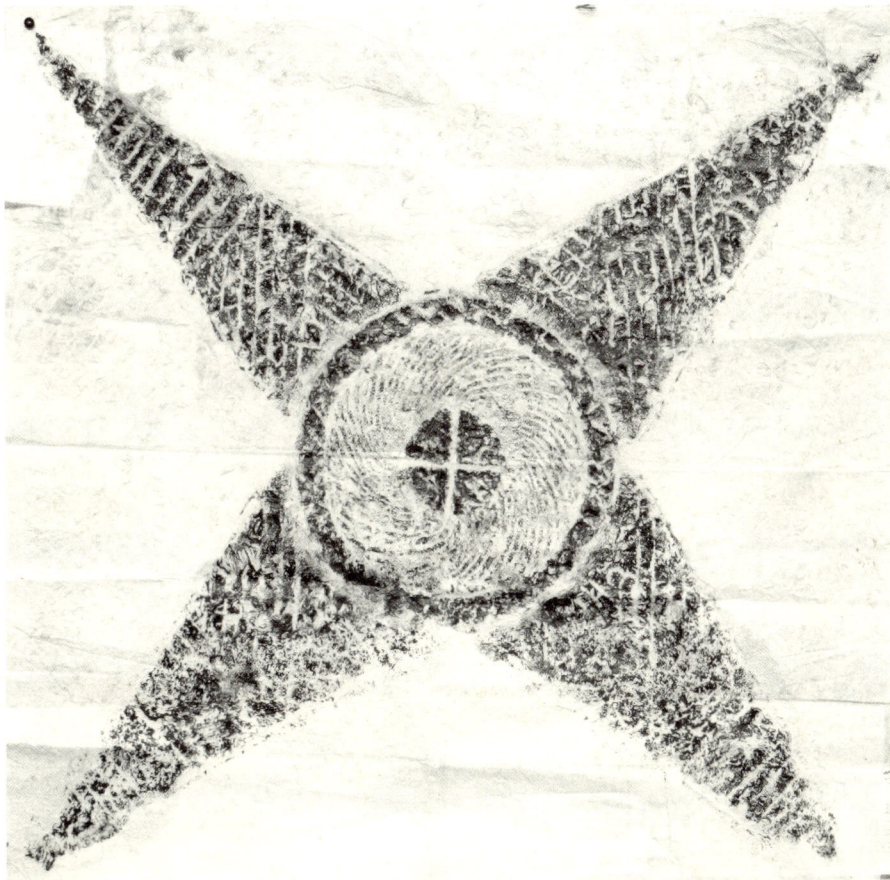

编号	SD-ZC-067
时代	东汉
出土/征集地	城南兴隆庄
出土/征集时间	1998 年出土
原石尺寸	81×86
质地	石灰岩
原石情况	仅存拓片
组合关系	
画面简述	画中心刻一有边框圆形（一说为日轮或月轮），圆心可见十字分割，圆心与边框间填刻顺时针涡卷线纹，上下左右四出三角形指向四角。
著录与文献	
收藏单位	

编号	SD-ZC-068
时代	东汉
出土/征集地	城南兴隆庄
出土/征集时间	1998 年出土
原石尺寸	85×96
质地	石灰岩
原石情况	仅存拓片
组合关系	
画面简述	画中心刻一有边框圆形（一说为日轮或月轮），圆心可见十字分割，交于中心一点，圆心外有双层边框，圆心与边框间填刻顺时针涡卷线纹，上下左右四出三角形指向四边中点。画面四角各有四分之一圆形，各伸出一线指向画面中心。四周有框，空白处填刻斜线纹。
著录与文献	
收藏单位	

142

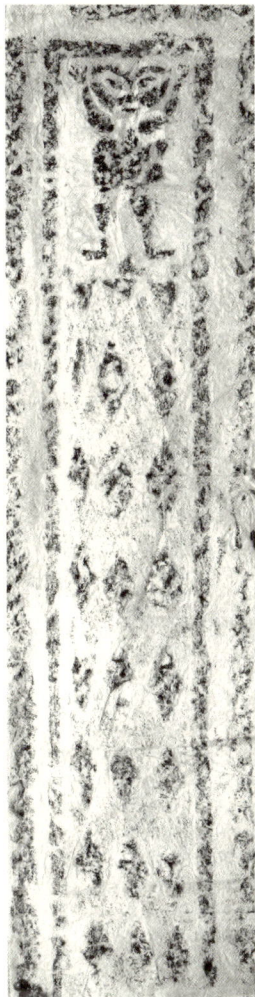

编号	SD-ZC-069
时代	东汉
出土/征集地	城南兴隆庄
出土/征集时间	1998 年出土
原石尺寸	196×58
质地	石灰岩
原石情况	仅存拓片
组合关系	墓室立柱
画面简述	画面上端刻一人（神怪?），双臂上举，瞋目而立，其下为三列菱形纹。左、右、上三边有双边框。
著录与文献	
收藏单位	

编号	SD-ZC-070
时代	西汉
出土/征集地	
出土/征集时间	1962 年
原石尺寸	77×199.5×17
质地	石灰岩
原石情况	原石左上角残，画面漫漶。
组合关系	
画面简述	画面分为左右两格。左格刻五人，左侧一人面右拄杖侧立，余四人皆面左持笏侧立。右格三人，左右两人正面坐，中间一人双手伸展为巾（袖？）舞。画面空白处填刻竖线纹，框间填刻菱形线纹。
著录与文献	胡新立：《邹城汉画像石》，北京：文物出版社，2008 年，116 页，图 141。
收藏单位	孟庙

编号	SD-ZC-071
时代	东汉
出土/征集地	鲁南铁合金厂
出土/征集时间	
原石尺寸	105×168.5×17
质地	石灰岩
原石情况	原石呈长方形，基本完整。画面漫漶。
组合关系	
画面简述	画面分为左右两格，两格画面基本相同。每格画面分为上下两层，上层刻变形云气纹；下层中间刻一璧，璧（肉）内外皆有边缘，左侧璧面（肉）填刻顺时针涡卷线纹；右侧璧面（肉）填刻顺时针涡卷线纹。画幅四周刻连弧纹，其中下边弧线向下，其余三边弧线向中。右格下层璧外缘刻与四角连接的线条。画面整体四周有框。
著录与文献	
收藏单位	孟庙

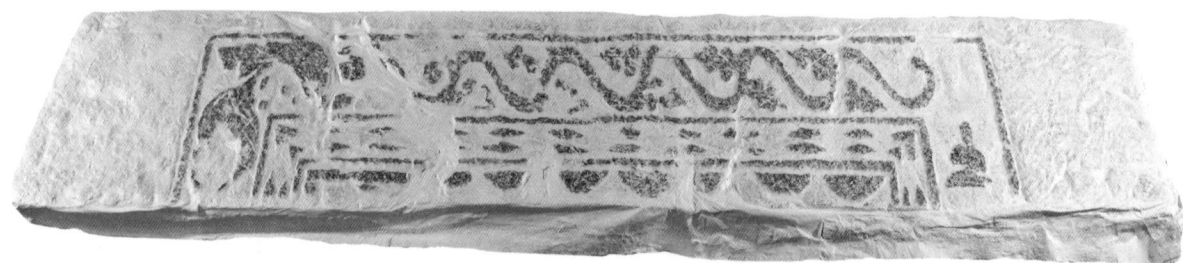

编号	SD-ZC-072
时代	东汉
出土/征集地	
出土/征集时间	
原石尺寸	51×318×31
质地	石灰岩
原石情况	原石呈长方形，基本完整。
组合关系	
画面简述	画面整体漫漶。从外至内分为三层。最外一层刻变形云气纹，左端所刻图像漫漶不明，右下端似有一人跽坐。中间一层刻菱形纹。最里一层刻连弧纹。
著录与文献	
收藏单位	孟庙

编号	SD-ZC-073
时代	东汉
出土/征集地	因利河
出土/征集时间	2014 年出土
原石尺寸	51×151×28.5
质地	石灰岩
原石情况	原石呈长方形，右上角有残缺。
组合关系	
画面简述	画面分为四格，从上至下依次为：变形云气纹；连弧纹（弧线为绳纹，内填点状纹），此格右端可见一鱼（前半身）；三角形纹；双排菱形纹。四周有框。
著录与文献	
收藏单位	孟庙

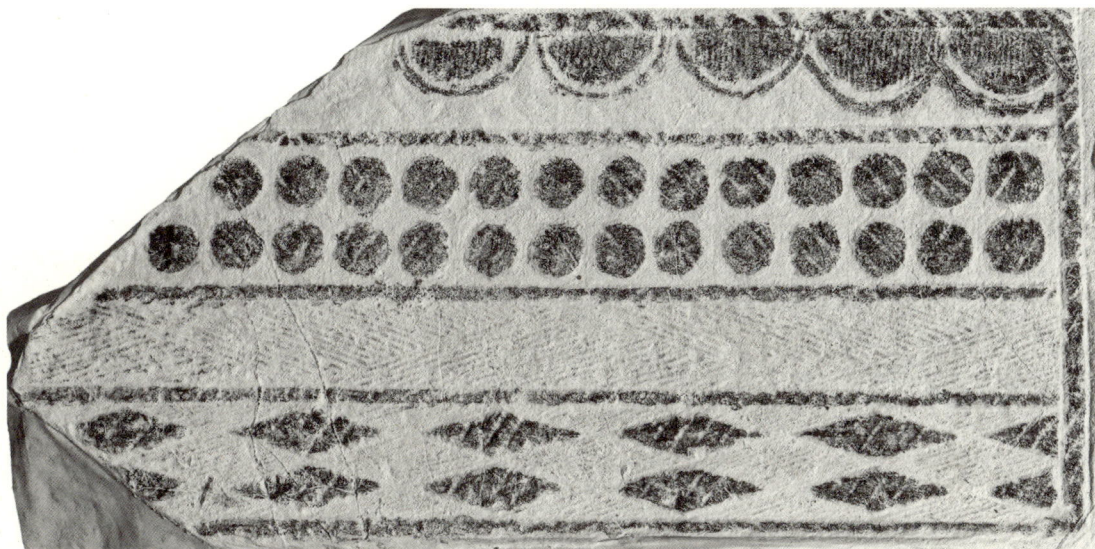

编号	SD-ZC-074
时代	东汉
出土/征集地	因利河
出土/征集时间	2014 年出土
原石尺寸	44.5 × 86 × 23
质地	石灰岩
原石情况	原石呈长方形，左端残缺。
组合关系	
画面简述	画面分为四格，从上至下依次为连弧纹、圆点纹、三角形线纹、双排菱形纹。上、下、右三边有框。
著录与文献	
收藏单位	孟庙

编号	SD-ZC-075
时代	东汉
出土/征集地	因利河
出土/征集时间	2014 年出土
原石尺寸	46×48.5×18
质地	石灰岩
原石情况	原石呈梯形，两端皆有残缺。
组合关系	
画面简述	画面两端残，余部漫漶。残石分上下两格，上格可见连弧纹，下格可见一双层弧线。下边有框，上沿为双边框。
著录与文献	
收藏单位	孟庙

编号	SD-ZC-076
时代	东汉
出土/征集地	因利河
出土/征集时间	2014 年出土
原石尺寸	67×75×26.5
质地	
原石情况	原石呈覆斗状，基本完整。
组合关系	
画面简述	圆雕半阙顶，可见仿瓦垄结构雕刻。
著录与文献	
收藏单位	孟庙

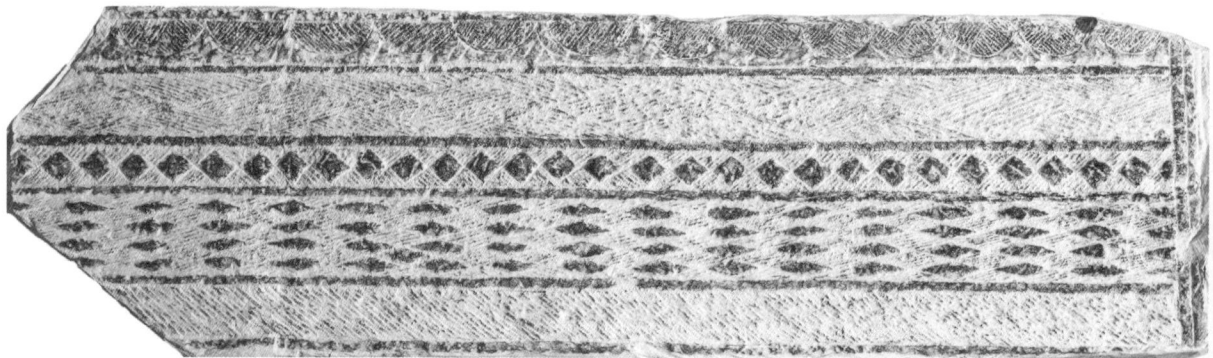

编号	SD-ZC-077
时代	东汉
出土/征集地	因利河
出土/征集时间	2014 年出土
原石尺寸	47.5×167×19.5
质地	石灰岩
原石情况	原石左端残缺，下部刻二门枢洞。
组合关系	
画面简述	画面分为五格，自上而下分别为连弧纹、菱形线纹、方形（菱形）纹、菱形纹、斜线纹。上、下、右三边有框。
著录与文献	
收藏单位	孟庙

编号	SD-ZC-078
时代	东汉
出土/征集地	因利河
出土/征集时间	2014 年出土
原石尺寸	51.5×126.4×23.5
质地	石灰岩
原石情况	原石上、下、左基本平整，右侧上角有残缺。
组合关系	
画面简述	画面为浅浮雕。分为两格，上格刻变形云气纹，下格刻鱼，皆右向，鱼贯排列。上下两边有框，下沿框外刻三角形纹。画面中有一大圆孔打破分格，似为再利用时雕凿。
著录与文献	
收藏单位	孟庙

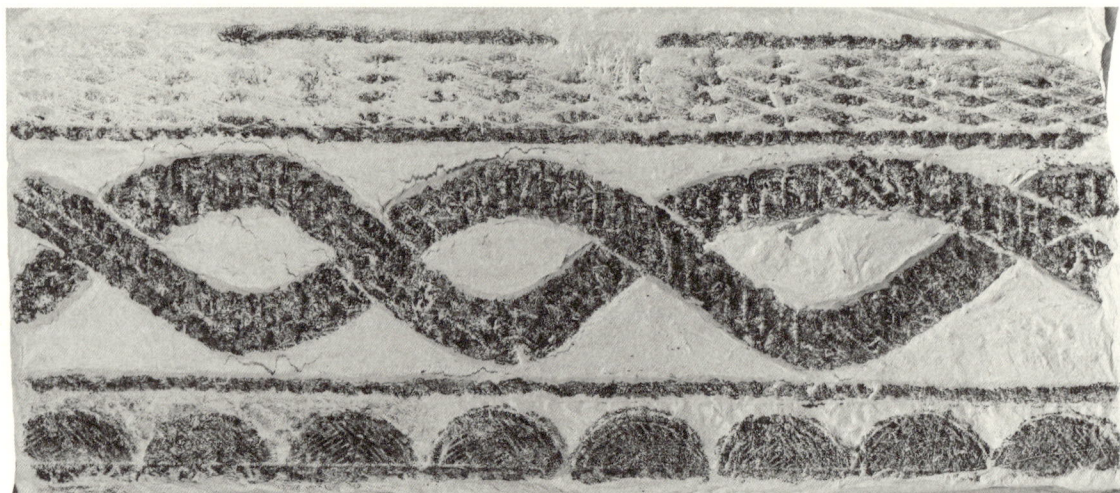

编号	SD-ZC-079
时代	东汉
出土/征集地	因利河
出土/征集时间	2014 年出土
原石尺寸	53.2×125.6×23
质地	石灰岩
原石情况	原石残，上、下、左三边平整，右侧似残断，下部刻二门枢洞。
组合关系	
画面简述	画面为浅浮雕。自上而下分为三格，上格为菱形纹，中格为二龙（？）之身躯交互缠绕，下格为连弧纹。上下两边有框。
著录与文献	
收藏单位	孟庙

编号	SD-ZC-080
时代	东汉
出土/征集地	因利河
出土/征集时间	2014 年出土
原石尺寸	45.7×102.5×22.5
质地	石灰岩
原石情况	原石呈长方形，左端残缺。
组合关系	
画面简述	画面为浅浮雕，残石可见左右两格。左格从上至下分为三层，依次刻变形云气纹、连弧纹、三角形纹。右格刻铺首衔环。上、下、右三边有框。左端残，疑为再葬所用。
著录与文献	
收藏单位	孟庙

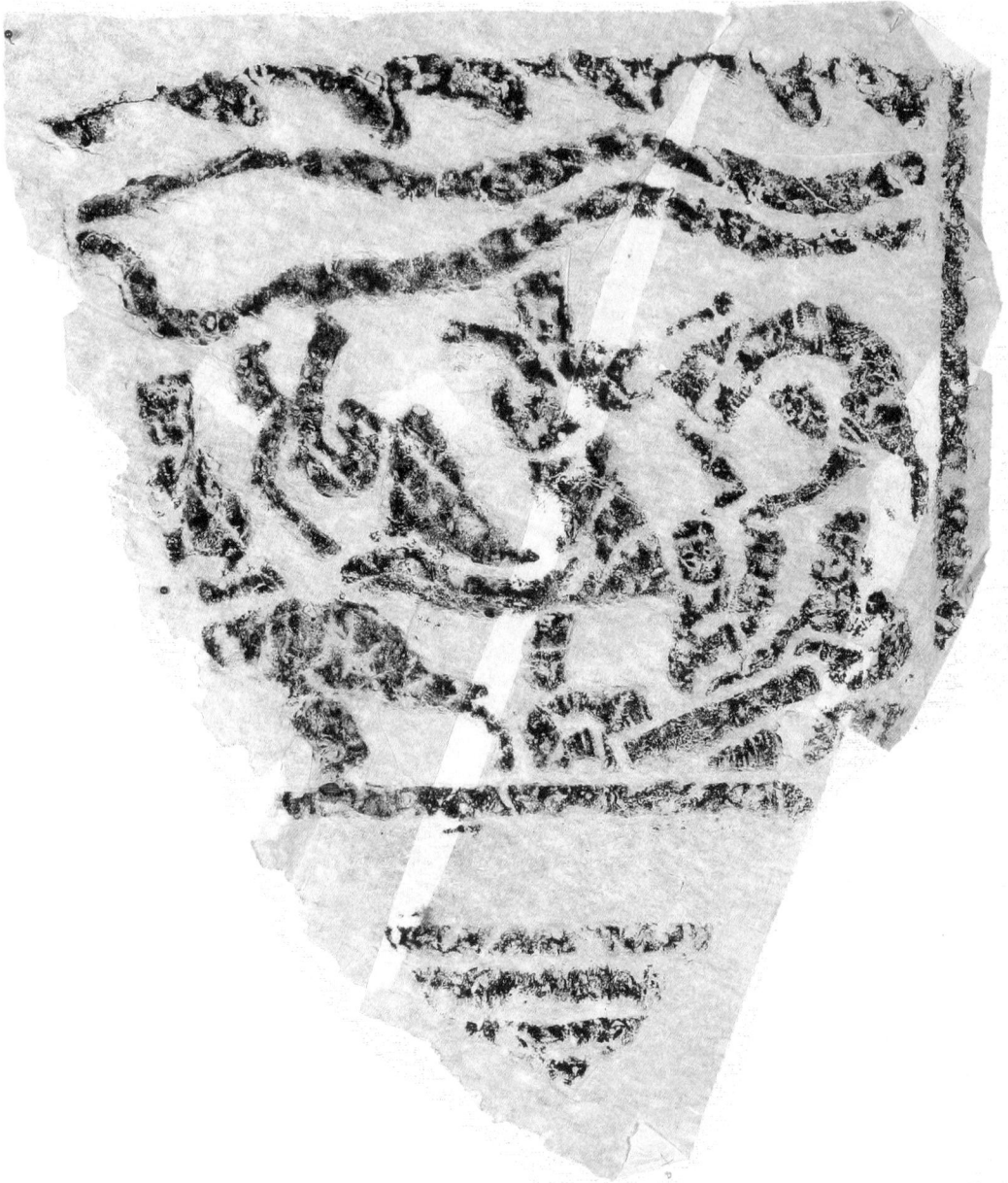

编号	SD-ZC-081
时代	东汉
出土/征集地	城区十里铺村
出土/征集时间	1980 年收集
原石尺寸	67×58
质地	石灰岩
原石情况	仅存拓片
组合关系	
画面简述	画面为浅浮雕，大部分残损，仅余右端部分。残石可见乐舞图像：左端一人，下为一兽之后半身；右一人着曳地长袍而舞，其左一人亦似在舞蹈；右一人反身倒立；其下可见三人，一人抚琴（瑟？），另二人似作唱和状。画面下边及右侧有框，下边框外另有横线，似亦为边框。
著录与文献	胡新立：《邹城汉画像石》，北京：文物出版社，2008 年，116 页，图 142。
收藏单位	

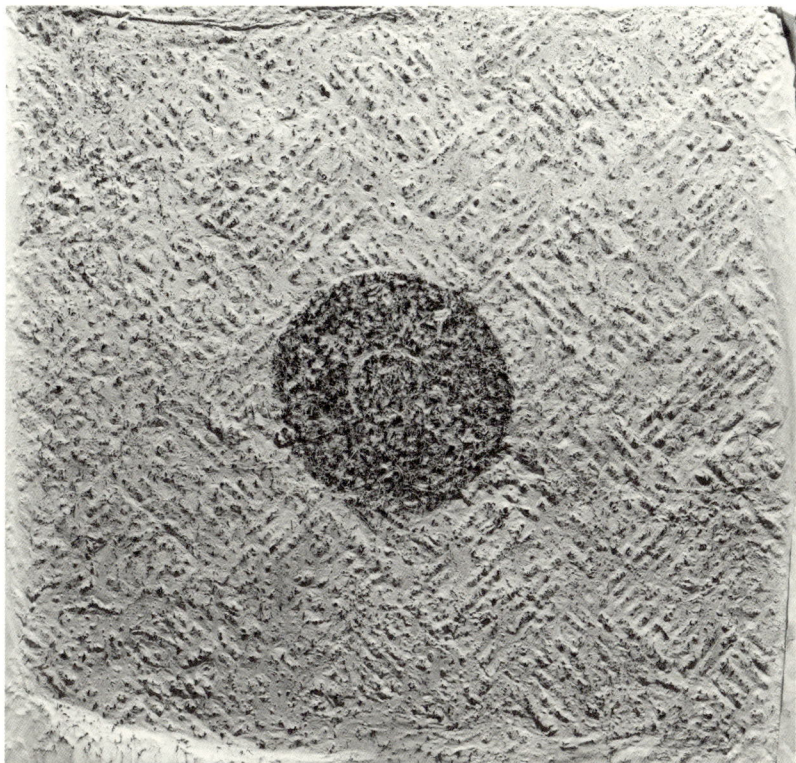

编号	SD-ZC-082-01
时代	西汉
出土/征集地	香城镇龙水村 M9
出土/征集时间	1992 年出土
原石尺寸	72×75×10.5
质地	石灰岩
原石情况	原石呈长方形，基本完整。
组合关系	石椁头档
画面简述	画面中心刻一璧，璧面（肉）刻点状纹，其余空白填刻席纹，整体漫漶。
著录与文献	田立振、田超：《济宁市汉画像石分期及相关问题的探讨》，载《中国汉画学会第十届年会论文集》，武汉：湖北人民出版社，2006 年，438 页，图 1；胡新立：《邹城汉画像石》，北京：文物出版社，2008 年，138 页，图 166；胡新立：《山东邹城龙水村西汉画像石椁墓》，载《中国汉画研究》（第五卷），桂林：广西师范大学出版社，2016 年，36-47 页。
收藏单位	孟庙

编号	SD-ZC-082-02
时代	西汉
出土/征集地	香城镇龙水村 M9
出土/征集时间	1992 年出土
原石尺寸	72×75×10.5
质地	石灰岩
原石情况	原石呈长方形，基本完整。
组合关系	石椁足档
画面简述	画面中部刻一四坡顶建筑，檐口粗大，檐下可见一宽大横梁（或为帘？），屋顶及横梁（帘？）填刻点状纹，下有二柱支撑，柱外檐下左右各有一柏树。
著录与文献	田立振、田超：《济宁市汉画像石分期及相关问题的探讨》，载《中国汉画学会第十届年会论文集》，武汉：湖北人民出版社，2006 年，438 页，图 1；胡新立：《邹城汉画像石》，北京：文物出版社，2008 年，137 页，图 165；胡新立：《山东邹城龙水村西汉画像石椁墓》，载《中国汉画研究》（第五卷），桂林：广西师范大学出版社，2016 年，36-47 页。
收藏单位	孟庙

编号	SD-ZC-083-01
时代	西汉
出土/征集地	香城镇龙水村 M18
出土/征集时间	1992 年出土
原石尺寸	71×72.5×10.5
质地	石灰岩
原石情况	原石呈长方形，基本完整。
组合关系	石椁头档
画面简述	画面中部刻双柏树，树下皆有凸起，或表示根部（或为土丘？），柏树之间可见一菱形图案。四周有边框，框内为多层边框线，框外填刻菱形线纹。
著录与文献	胡新立：《邹城汉画像石》，北京：文物出版社，2008 年，139 页，图 168；胡新立：《山东邹城龙水村西汉画像石椁墓》，载《中国汉画研究》（第五卷），桂林：广西师范大学出版社，2016 年，36-47 页。
收藏单位	孟庙

编号	SD-ZC-083-02
时代	西汉
出土/征集地	香城镇龙水村 M18
出土/征集时间	1992 年出土
原石尺寸	71×234×12.5
质地	石灰岩
原石情况	原石呈长方形，基本完整。
组合关系	石椁侧板
画面简述	画面中部为环状云气纹图案。四周有边框，框内为多层边框线，框外填刻菱形线纹。
著录与文献	胡新立：《邹城汉画像石》，北京：文物出版社，2008 年，142 页，图 175；胡新立：《山东邹城龙水村西汉画像石椁墓》，载《中国汉画研究》（第五卷），桂林：广西师范大学出版社，2016 年，36-47 页。
收藏单位	孟庙

编号	SD-ZC-083-03
时代	西汉
出土/征集地	香城镇龙水村 M18
出土/征集时间	1992 年出土
原石尺寸	72×72.5×10.5
质地	石灰岩
原石情况	原石呈长方形，基本完整。
组合关系	石椁足档
画面简述	画面分为左、中、右三格。左右两格刻有边框的圆形（璧？），圆心较大。四角各有四分之一弧线，弧线与圆形边缘为绳纹。两格与中格间被多重竖线分割。中格内填刻竖向菱形线纹。画面四周有框，框外填刻菱形线纹。
著录与文献	胡新立：《邹城汉画像石》，北京：文物出版社，2008 年，138 页，图 167；胡新立：《山东邹城龙水村西汉画像石椁墓》，载《中国汉画研究》（第五卷），桂林：广西师范大学出版社，2016 年，36-47 页。
收藏单位	孟庙

编号	SD-ZC-083-04
时代	西汉
出土/征集地	香城镇龙水村 M18
出土/征集时间	1992 年出土
原石尺寸	71×239×115
质地	石灰岩
原石情况	左右各有裂缝，断为四块。
组合关系	石椁侧板
画面简述	画面分为左、中、右三格。左右两格刻有边框的圆形（璧？），圆心较大。四角各有四分之一弧线，弧线与圆形边缘为绳纹。两格与中格间被多重竖线分割。中格内填刻竖向菱形线纹。画面四周有框，框外填刻菱形线纹。
著录与文献	胡新立：《邹城汉画像石》，北京：文物出版社，2008 年，143 页，图 176；胡新立：《山东邹城龙水村西汉画像石椁墓》，载《中国汉画研究》（第五卷），桂林：广西师范大学出版社，2016 年，36-47 页。
收藏单位	孟庙

编号	SD-ZC-083-05
时代	西汉
出土/征集地	香城镇龙水村 M18
出土/征集时间	1992 年出土
原石尺寸	238×97×13
质地	石灰岩
原石情况	原石中部有裂缝，断为五块。
组合关系	石椁底板
画面简述	画面分为左、中、右三格。左右两格刻有边框的圆形（璧?），圆心较大。四角各有四分之一弧线,弧线与圆形边缘为绳纹。两格与中格间被多重竖线分割。中格内填刻三角形线纹和菱形线纹。画面四周有框，框外填刻菱形线纹。
著录与文献	胡新立：《邹城汉画像石》，北京：文物出版社，2008 年，142 页，图 174；胡新立：《山东邹城龙水村西汉画像石椁墓》，载《中国汉画研究》（第五卷），桂林：广西师范大学出版社，2016 年，36-47 页。
收藏单位	孟庙

编号	SD-ZC-084-01
时代	西汉
出土/征集地	香城镇龙水村 M18
出土/征集时间	1992 年出土
原石尺寸	70×70×10
质地	石灰岩
原石情况	原石呈方形，基本完整。
组合关系	
画面简述	画面为阴线刻。中部刻一璧，璧面（肉）刻同心圆线纹。
著录与文献	胡新立：《邹城汉画像石》，北京：文物出版社，2008 年，141 页，图 172；胡新立：《山东邹城龙水村西汉画像石椁墓》，载《中国汉画研究》（第五卷），桂林：广西师范大学出版社，2016 年，36-47 页。
收藏单位	邹城博物馆

编号	SD-ZC-084-02
时代	西汉
出土/征集地	香城镇龙水村 M13
出土/征集时间	1992 年出土
原石尺寸	70×73×9.5
质地	石灰岩
原石情况	原石呈方形，基本完整。
组合关系	
画面简述	画面为阴线刻。中部刻双柏树。
著录与文献	胡新立：《邹城汉画像石》，北京：文物出版社，2008 年，140 页，图 171；胡新立：《山东邹城龙水村西汉画像石椁墓》，载《中国汉画研究》（第五卷），桂林：广西师范大学出版社，2016 年，36-47 页。
收藏单位	邹城博物馆

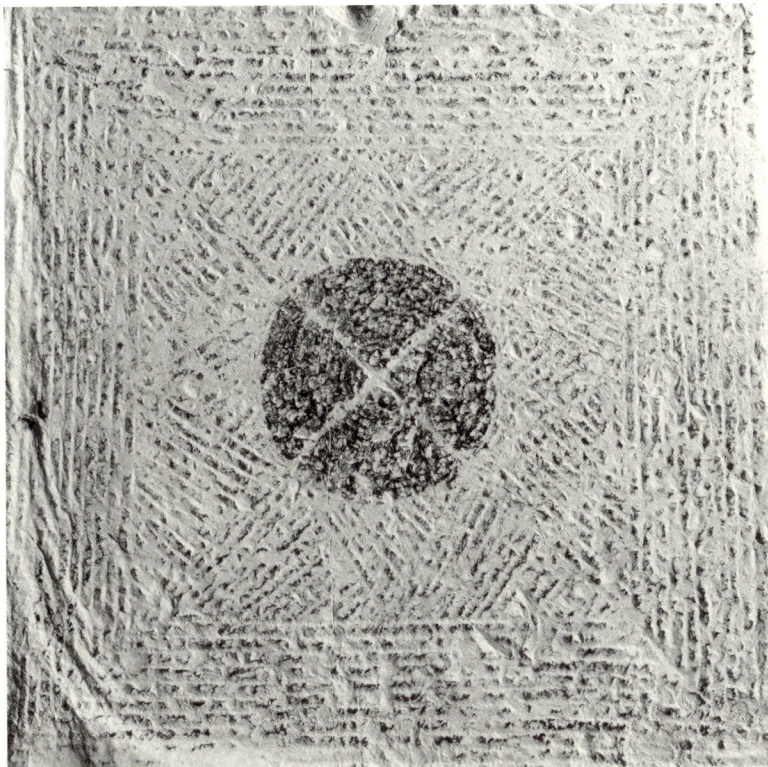

编号	SD-ZC-085-01
时代	西汉
出土/征集地	香城镇龙水村 M18
出土/征集时间	1992 年出土
原石尺寸	73×75.5×12
质地	石灰岩
原石情况	原石呈长方形，基本完整。画面漫漶。左右两侧有凹阶接口。
组合关系	
画面简述	画面为阴线刻。中间刻一璧，璧面(肉)填刻同心圆线纹，上下左右四出三角形线纹指向四边中点，四角有对角线贯穿画面。四周有多重框线纹组成的边框。
著录与文献	胡新立：《山东邹城龙水村西汉画像石椁墓》，载《中国汉画研究》(第五卷)，桂林：广西师范大学出版社，2016 年，36-47 页。
收藏单位	孟庙

编号	SD-ZC-085-02
时代	西汉
出土/征集地	香城镇龙水村 M18
出土/征集时间	1992 年出土
原石尺寸	72×75.5×12
质地	石灰岩
原石情况	原石呈方形,右上角残缺。
组合关系	石椁脚档
画面简述	画面为阴线刻,分为两格,上格为双柏树,下格填刻菱形线纹。四周有多重框线纹组成的边框。
著录与文献	胡新立:《邹城汉画像石》,北京:文物出版社,2008 年,141 页,图 173;胡新立:《山东邹城龙水村西汉画像石椁墓》,载《中国汉画研究》(第五卷),桂林:广西师范大学出版社,2016 年,36-47 页。
收藏单位	孟庙

编号	SD-ZC-086
时代	东汉
出土/征集地	大束镇大束村
出土/征集时间	1989 年出土
原石尺寸	79×118×17
质地	石灰岩
原石情况	原石残为两截。画面漫漶不清。
组合关系	
画面简述	画面为浅浮雕。画面左起四人，其中左第二人双手上举，双腿弯曲，似为杂技艺人。左起第五至八人为一组，中有一人正面立，左右人物皆侧身谒拜。左起第九至十三人为一组，中一人端坐于榻之上，右一人手持伞盖（？），右一老者头戴冠，一手上举，一说为"周公辅成王图"。左起第十四、十五人相对而立，戴胡人尖长毡帽，二人之间有二蛇（？），盘曲上绕。画像右部是车马出行图：前有一迎者，车队前有导骑，中为辎车，后有一从骑，皆策马前进。画面空间有鱼、鸟补白。画面四周有双边框，框内填刻斜条纹。
著录与文献	胡新立：《邹城汉画像石》，北京：文物出版社，2008 年，143 页，图 177。
收藏单位	孟庙

编号	SD-ZC-087
时代	东汉
出土/征集地	大束镇大束村
出土/征集时间	1989 年出土
原石尺寸	194×58
质地	石灰岩
原石情况	仅存拓片
组合关系	
画面简述	画面左侧残损。残石左起为一人骑马左行，身后有一马，右端一人持棍状物（剑？）随行。上、下、右三边有框，上边及右侧三层框，右上角外框间可见尖角形图案。
著录与文献	胡新立：《邹城汉画像石》，北京：文物出版社，2008 年，144 页，图178。
收藏单位	

编号	SD-ZC-088(1)
时代	东汉
出土/征集地	太平镇陶城村
出土/征集时间	1962 年收集
原石尺寸	100×56×15
质地	石灰岩
原石情况	原石呈长方形，右上角残缺。背面呈毛石状。
组合关系	
画面简述	画面为浅浮雕，自上而下分为四格。第一格刻两凤鸟，相对而立，左、右上角各有一猿猴作攀援状，凤鸟间另有二鸟。第二格刻六人头戴进贤冠，着长袍，面左拱手侧立。第三格刻三人跽坐于台基（？）之上，右一人漫漶不清。第四格刻双鱼。四周有框。
著录与文献	胡新立：《邹城汉画像石》，北京：文物出版社，2008 年，145 页，图 179。
收藏单位	孟庙

编号	SD-ZC-088(2)
时代	东汉
出土/征集地	太平镇陶城村
出土/征集时间	1962 年收集
原石尺寸	100×56×15
质地	石灰岩
原石情况	原石呈长方形，基本完整。
组合关系	
画面简述	画面为浅浮雕，刻两列连续菱形纹。四周有框。
著录与文献	
收藏单位	孟庙

编号	SD-ZC-089-01(1)
时代	西汉
出土/征集地	太平镇王石村
出土/征集时间	1962 年收集
原石尺寸	66×72×12.6
质地	石灰岩
原石情况	原石呈方形，基本完整。
组合关系	
画面简述	画面为阴线刻。中间为三层阙门，其一层为四坡顶，正脊（及双柱上部）刻网纹，屋顶中央呈矩形空白。下有双柱，柱上接多层实拍栱（分层清晰）承托屋檐。一层正脊上并置二双层阙顶，其内侧檐口几近相接。阙门正中立一人，戴武弁，着及地袍；柱外檐下左侧立一盾（及一戟？），右一人躬身侧立。二人物袍服皆填刻点状纹。四周有框。
著录与文献	山东省博物馆、山东省文物考古研究所编《山东汉画像石选集》，济南：齐鲁书社，1982 年，图 122；胡新立：《邹城汉画像石》，北京：文物出版社，2008 年，149 页，图 184。
收藏单位	邹城博物馆

编号	SD-ZC-089-01(2)
时代	西汉
出土/征集地	太平镇王石村
出土/征集时间	1962 年收集
原石尺寸	66×72×12.6
质地	石灰岩
原石情况	原石呈方形，基本完整。
组合关系	
画面简述	此图为阴线刻。画面中刻二人持巾转身对舞，二人皆着及膝袍，袍服填刻点状纹。
著录与文献	山东省博物馆、山东省文物考古研究所编《山东汉画像石选集》，济南：齐鲁书社，1982 年，图 120、121；赖非主编《中国画像石全集·2·山东汉画像石》，济南：山东美术出版社，2000 年，60 页，图 68；杜蕾：《山东汉画像石乐舞图像研究》，中国艺术研究院，硕士学位论文，2005 年，66 页，编码 121；胡新立：《邹城汉画像石》，北京：文物出版社，2008 年，148 页，图 183；刘若男：《从现存汉画像石（砖）资料中看两汉时期的舞蹈活动》，山东师范大学，硕士学位论文，2013 年，10 页，图 10。
收藏单位	邹城博物馆

编号	SD-ZC-089-01(3)
时代	西汉
出土/征集地	太平镇王石村
出土/征集时间	1962 年收集
原石尺寸	12.6×72
质地	石灰岩
原石情况	
组合关系	
画面简述	画面为浅浮雕，刻菱形纹，上下两边有框。
著录与文献	
收藏单位	邹城博物馆

编号	SD-ZC-089-02(1)
时代	西汉
出土/征集地	太平镇王石村
出土/征集时间	1962 年收集
原石尺寸	64×69.5×12
质地	石灰岩
原石情况	原石呈方形，基本完整。
组合关系	
画面简述	画面为阴线刻。左侧有一卷曲的树，旁立一马。马上方有一凤鸟，其羽冠分二歧，尾分四歧，喙下一丹。四周有框。
著录与文献	山东省博物馆、山东省文物考古研究所编《山东汉画像石选集》，济南：齐鲁书社，1982 年，图124；胡新立：《邹城汉画像石》，北京：文物出版社，2008 年，147 页，图181、182。
收藏单位	邹城博物馆

编号	SD-ZC-089-02(2)
时代	西汉
出土/征集地	太平镇王石村
出土/征集时间	1962 年收集
原石尺寸	64×69.5×12
质地	石灰岩
原石情况	原石呈方形，基本完整。
组合关系	
画面简述	此图为阴线刻。画面正中站立一人，头戴武弁大冠，身着长袍，腰佩长剑，左右各一人戴冠，拱手侧身侍立。
著录与文献	山东省博物馆、山东省文物考古研究所编《山东汉画像石选集》，济南：齐鲁书社，1982 年，图123；胡新立：《邹城汉画像石》，北京：文物出版社，2008 年，146 页，图180。
收藏单位	邹城博物馆

编号	SD-ZC-089-02(3)
时代	西汉
出土/征集地	太平镇王石村
出土/征集时间	1962 年收集
原石尺寸	12×69.5
质地	石灰岩
原石情况	
组合关系	
画面简述	画面为浅浮雕，刻菱形纹，上下两边有框。
著录与文献	
收藏单位	邹城博物馆

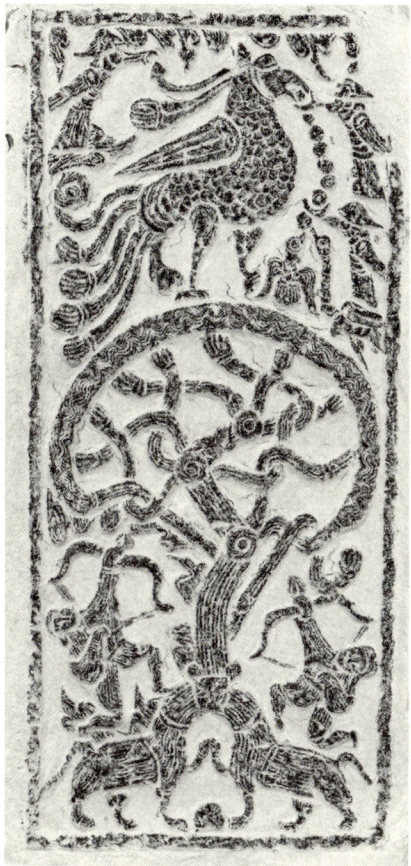

编号	SD-ZC-090-01
时代	东汉
出土/征集地	峄山镇大故村
出土/征集时间	1957 年收集
原石尺寸	82.5×41.5×20.5
质地	石灰岩
原石情况	原石呈长方形，基本完整。
组合关系	
画面简述	画面为浅浮雕。上部刻一只形体健硕的凤鸟，右向而立，口吐连珠；右有二羽人伸手接珠，左上角有一羽人作飞升状。左、右上角有云气纹。下部刻大树一株（合欢树？），枝蔓交错，根部作双虎共首形，树下左右各有一人援弓跪射。四周有边框。
著录与文献	山东省博物馆、山东省文物考古研究所编《山东汉画像石选集》，济南：齐鲁书社，1982 年，图 96、97；赖非主编《中国画像石全集·2·山东汉画像石》，济南：山东美术出版社，2000 年，65 页，图 73；胡新立：《邹城汉画像石》，北京：文物出版社，2008 年，151 页，图 186；邢义田：《汉代画像中的"射爵射侯图"》，载《画为心声：画像石、画像砖与壁画》，北京：中华书局，2011 年，180 页，图 41.b、41.c。
收藏单位	邹城博物馆

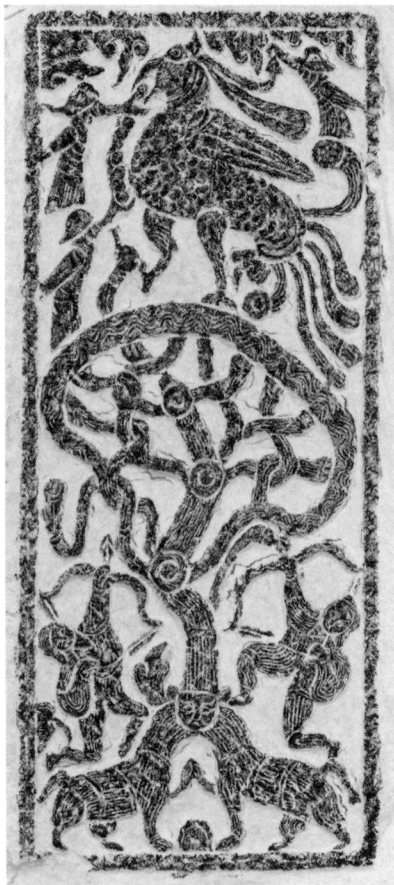

编号	SD-ZC-090-02
时代	东汉
出土/征集地	峄山镇大故村
出土/征集时间	1957 年收集
原石尺寸	82×41.5×20.5
质地	石灰岩
原石情况	原石呈长方形，基本完整。
组合关系	
画面简述	画面为浅浮雕。上部刻一只形体健硕的凤鸟，左向而立，口吐连珠；左有二羽人伸手接珠，右上角有一羽人作飞升状。左、右上角有云气纹。下部刻大树一株（合欢树？），枝蔓交错，根部作双虎共首形，树下左右各有一人援弓跪射。四周有边框。
著录与文献	山东省博物馆、山东省文物考古研究所编《山东汉画像石选集》，济南：齐鲁书社，1982 年，图 95；胡新立：《邹城汉画像石》，北京：文物出版社，2008 年，150 页，图 185；邢义田：《汉代画像中的"射爵射侯图"》，载《画为心声：画像石、画像砖与壁画》，北京：中华书局，2011 年，180 页，图 41.a。
收藏单位	邹城博物馆

SD-ZC-090-02 局部

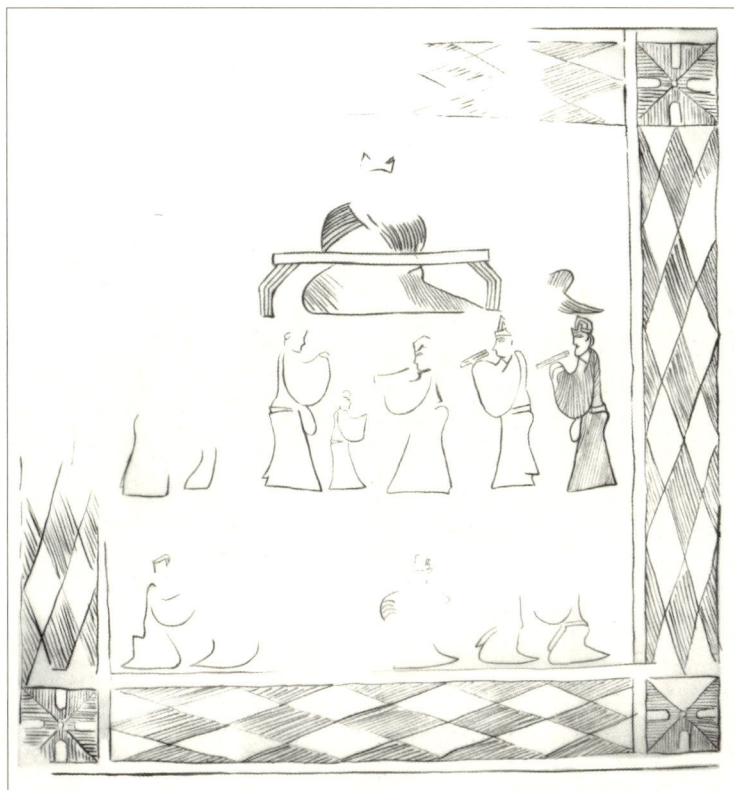

线描：胡新立

编号	SD-ZC-091(1)
时代	东汉
出土/征集地	峄山镇大故村
出土/征集时间	1957 年收集
原石尺寸	70×73×21
质地	石灰岩
原石情况	原石呈方形，基本完整，画面漫漶。
组合关系	
画面简述	画面为阴线刻，整体漫漶不清，分两到三层。上部可见一案，案后似端坐一人。其下方似有七人，左侧四人（左二、左四形体较小），右侧三人，皆面中侧立，右端二人似吹箫。再下似可见五人，皆仅见局部。右上、右下、左下三角有柿蒂纹，四周有边框，内填菱形纹。
著录与文献	胡新立：《邹城汉画像石》，北京：文物出版社，2008 年，152-153 页，图 187、188。
收藏单位	孟庙

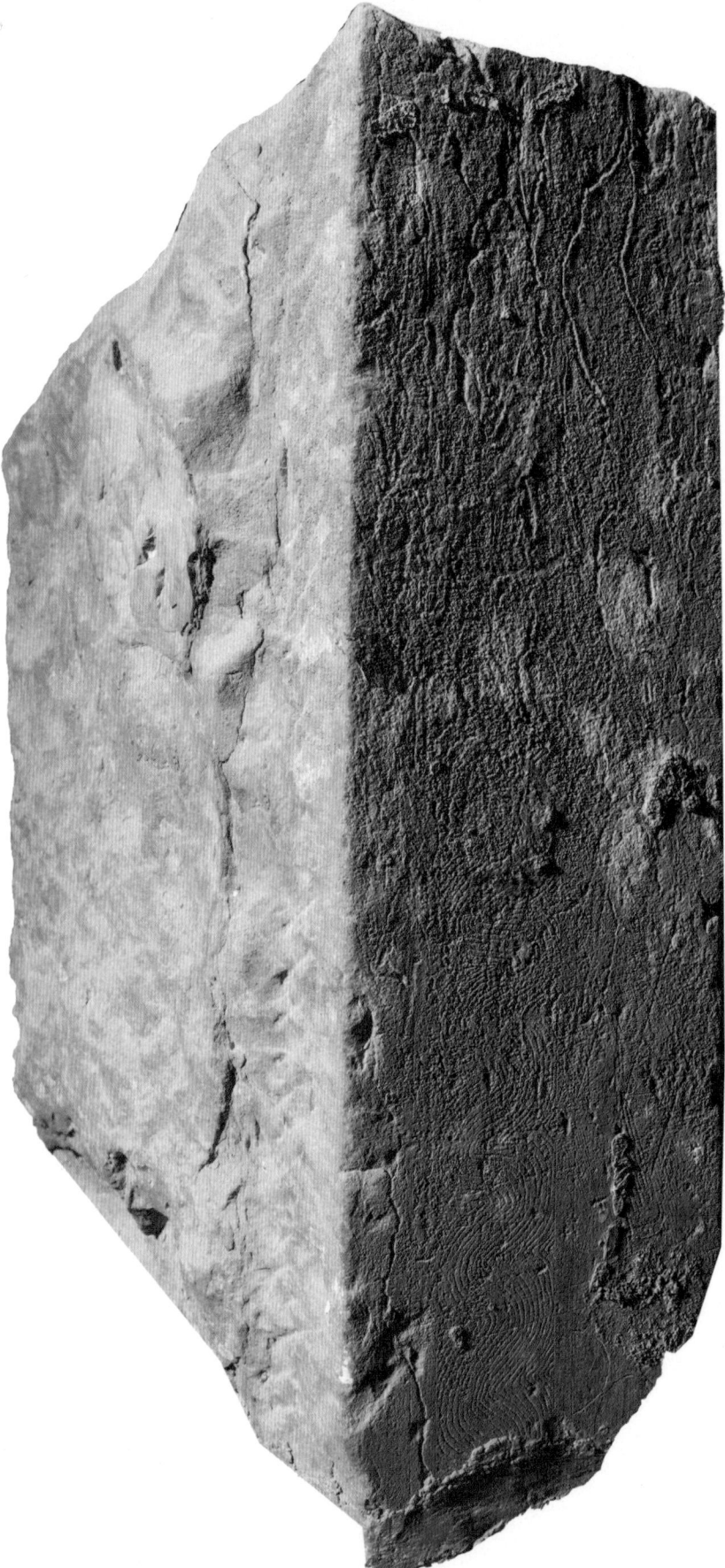

编号	SD-ZC-091(2)
时代	东汉
出土/征集地	峄山镇大故村
出土/征集时间	1957 年收集
原石尺寸	70×21
质地	石灰岩
原石情况	原石呈方形，基本完整，画面漫漶。
组合关系	
画面简述	画面为阴线刻，上部漫漶不清，左侧有水波纹，右侧有菱形纹，局部可见连弧纹。
著录与文献	
收藏单位	孟庙